Uwe Lehmann

Gera
Von Fettguschen und Brummuchsen

Geschichten & Anekdoten

Bildnachweis
Titelbild: ullstein bild: Klaus Mehner
Vogtland-Tourismus (CC0): S. 6; gemeinfrei: S. 11, 58, 60; Archiv Uwe Lehmann: S. 19, 23, 27, 30, 38, 48, 56, 64, 67; Ullstein bild-Wörth GmbH/Swiridoff: S. 33; Dorothea Lehmann: S. 22, 45. 33; ullstein bild-VIDALUZ: S. 40; Stadtmuseum Gera: S. 54; ullstein bild-Ihlow: S. 78

wikicommons
Bundesarchiv, Bild 183-1984-0605-040 / CC-BY-SA 3.0 (https: //commons.wikimedia.org/ wiki/ File:Bundesarchiv_Bild_183-1984-0605-040,_Gera,_Johannisstraße,_Straßenbahn.jpg), „Bundesarchiv Bild 183-1984-0605-040, Gera, Johannisstraße, Straßenbahn", https://creativecommons.org/licenses/by-sa/3.0/de/legalcode: S. 14
Bundesarchiv, Bild 183-1987-0604-006 / CC-BY-SA 3.0 (https:// commons.wikimedia.org/ wiki /File:Bundesarchiv_Bild_183-1987-0604-006,_Gera,_Marktplatz,_Simsonbrunnen.jpg), „Bundesarchiv Bild 183-1987-0604-006, Gera, Marktplatz, Simsonbrunnen", https://creativecommons.org/licenses/by-sa/3.0/de/legalcode: S. 51
Steffen Löwe (https://commons.wikimedia.org/wiki/ File:Woizlawa-Feodora_ Prinzessin_ Reuß_ Herzogin_zu_Mecklenburg.jpg), https://creativecommons.org/licenses/by-sa/4.0/legalcode: S. 62
Bundesarchiv, Bild 183-B0911-0012-001 / CC-BY-SA 3.0 (https:// commons. wikimedia. org/ wiki/File:Bundesarchiv_Bild_183-B0911-0012-001,_Gera,_Bieblach,_Baustelle,_Wohnblocks.jpg), „Bundesarchiv Bild 183-B0911-0012-001, Gera, Bieblach, Baustelle, Wohnblocks", https:// creativecommons.org/licenses/by-sa/3.0/de/legalcode: S. 72
Giorno2 (https://commons.wikimedia.org/wiki/ File:Gera_Kaufhaus_Tietz.jpg), https://creativecommons. org/ licenses/by-sa/4.0/legalcode: S. 74

Quellen
Peter Boll: Gersche Geschichten. Gera 1997; Geraer Hefte. Gera 2003–2019; Geraer Heimatbrief. Stuttgart 1957–1987; Heimat-Blätter. Gera 1909–1939; F. Hahn: Geschichte von Gera und dessen nächster Umgebung. Gera 1855; U. Heckmann/M. Wagner: Am Mühlgraben in Gera. Gera 2001; H. Holdsch: Geraer Theater-Dekameron. Bucha 2002, und Geraer Theater-Episoden. Gera 2003; Jott: Was alte Straßenschilder erzählen können! In: Geraer Zeitung. 7/4/1934; E. Karcher: Otto Dix. Meister der modernen Kunst. Bindlach 1992; R. Möller: Beiträge zur Biographie Karl Theodor Liebes. In: Mauritiana. Bd. 18. Altenburg 2001, S. 135–142; S. Mues/M. Taubert: Die Straßennamen der Stadt Gera. Gera [2]2020; H. Rudolph: Bilder und Klänge aus Gera I–III. Gera 1876–79; U. Rüdiger: Otto Dix. Gemälde, Zeichnungen, Druckgrafik. München-Berlin 1996; D. Schubert: Otto Dix mit Selbstzeugnissen und Bilddokumenten dargestellt. Reinbek [6]2005; L. Toepel: Otto Dix in Gera. Gera 2008; Wie früher die Schäfer in Gera Bartholomäi feierten. In: Geraer Zeitung, 30/8/1934; H. Winter: Kirchengeschichtliches aus Geraer Chroniken. In: Thüringer Tageblatt. 13/10/1984.

1. Auflage 2024

Layout: Da Forma Agentur für Gestaltung, Gudensberg
Satz: Schneider Professionell Design, Schlüchtern-Elm
Druck und buchbinderische Verarbeitung:
Beltz Grafische Betriebe GmbH, Bad Langensalza

34281 Gudensberg-Gleichen, Im Wiesental 1
Tel. 0 56 03 - 9 30 50   www.wartberg-verlag.de
ISBN 978-3-8313-3619-7

Inhalt

Vorwort

Geschätzte Leserin, geneigter Leser,
was haben Otto Dix, Bruna Wendel-Plarre und Heinrich Posthumus Reuß gemeinsam? Was verbindet das erste Tietz-Kaufhaus, das Gymnasium Rutheneum und das Große Haus miteinander? Wie kann man den Ostfriedhof, die Höhler und den Tierpark in einem Atemzug nennen? Ganz einfach: Sie gehören alle irgendwie zu Gera. Und es gibt ganz wunderbare Geschichten über sie zu erzählen, Geschichten zum Lachen, zum Weinen oder zum Nachdenken.
Genau das habe ich in diesem Büchlein versucht. Hab einfach die letzten anderthalb Jahrhunderte nach Berichtenswertem durchgeforstet und bin schnell fündig geworden. Mancher Alteingesessene wird beim Lesen öfter wissend mit dem Kopf nicken. Und mancher Neuzugezogene wird sich vielleicht wundern, dass es über diese auf den ersten Blick unscheinbare Stadt so Verschiedenes zu erzählen gibt: von Wismut und BUGA, von Adligen und Naturwissenschaftlern, von hiesigen Gassen und einem arabischen Heiligtum, von tapferen Helden und schlagfertigen alten Damen. Und falls das Büchlein einem interessierten Gast der Stadt in die Hände fällt, kann er so manches erfahren, was ihm die Gästeführer schamhaft verschweigen.

Ganz gleich, wer und woher Sie sind, ich wünsche Ihnen viel Vergnügen beim Lesen.

Uwe Lehmann

Alles Gersch

Einwohner von Gera werden in der hiesigen Mundart nicht etwa Geraer oder gar Gerarer genannt, sondern schlicht und einfach Gersche. Und Gersch heißt eben auch der Dialekt. Er zeichnet sich durch eine gewisse „Maulfaulheit" aus. Außerdem vertauscht man ein paar Selbst- und Umlaute miteinander (o statt a, u statt o sowie e statt ä und statt ö) und weicht etliche Mitlaute auf. Deshalb unterscheidet man nur beim Schreiben das weiche und das harte „Deh".

Die meisten Schimpf-, Spott- und Kosenamen für die Einheimischen stammen aus dem Tierreich im weitesten Sinne: Heipfard, Pfafferkuchenpfard, Dobbsau, Dreggsau oder Sau überhaupt und der allseits beliebte Brummuchse. Grundsätzlich werden – wenigstens von alten Gerschen – die meisten Sätze mit „Mensch" oder „ihr Hunne" (Hunde) eingeleitet. Von einem hiesigen Ziegenhalter, dessen Tiere ihm unterwegs durchgebrannt waren, ist der schöne Ausruf überliefert: „Ihr Hunne, meine Ziechen, die Saun, sin abgehaun!"

Gegen Ende des 19. Jahrhunderts wollte einer tatsächlich einen „Brummuchsen" nicht auf sich sitzen lassen und erhob Beleidigungsklage. Das Geraer Schöffengericht sprach aber den Beklagten frei, denn ein so häufig gebrauchtes Wort könne in dieser Stadt keine Beleidigung sein.

Schwer zu verstehen ist die Sprache eigentlich nicht. Manche finden sie komisch, andere halten sie für sächsisch, aber beide liegen falsch. Das eigentliche Gersch hat seine Wurzeln in drei oder vier verschiedenen Mundarten: der thüringischen, der obersächsischen und der vogtländischen, die wiederum aus dem oberfränkischen und dem bayerischen Dialekt entstand.

Einst besuchte ein Dresdner in Gera einen Freund. Die beiden machten eine Wanderung, kamen irgendwie vom Weg ab und trafen zum Glück eine Bäuerin, die sofort um Hilfe gebeten wurde. Lang und breit erklärte sie den Weg, und hoch und breit wurde vor Staunen der Mund des Dresdners. Er verstand kein Wort und meinte danach, es hätte geklungen, als würden Möpse niesen.
Ein andermal kehrte ein Tourist, wohl aus dem Hannoverschen, in eine hiesige Gastwirtschaft ein, trank gemütlich sein Bier und fand auch schnell Kontakt zu den Einheimischen. Oft saß er nur lange schweigend da und lauschte dem ihm unbekannten Dialekt. Und er sprach den Gemütlichsten seiner Nachbarn an und schlug eine Wette – einen Taler gegen einen Pfennig – vor: Der Gersche könne niemals so schnell wie der Tourist sechsmal hintereinander „Rasen, Rasen, Rasen, Rasen, Rasen, Rasen" sagen. Der Nachbar schlug ein und begann: „Rosen, Rosen, Rosen, Rosen, Rosen, Rosen." – „Aber das sind doch die Blu-

In den 1980ern schuf das Künstlerehepaar Wendt mehrere „Gersche Originale" in Holz, darunter die Fettgusche (rechts) und den Brummuchsen (links).

men!“, sagte der Fremde. Da entgegnete der Gersche trocken: „Nu nee – dos sin’ bei uns de Rusen!“

Wie in vielen Regionen stirbt auch in Gera der Dialekt aus. Nach dem Zweiten Weltkrieg kamen etliche Umsiedler und brachten ihre eigene Mundart mit. Später wurde die SDAG Wismut gegründet, die in der Umgebung der Stadt Uran förderte. Da zogen natürlich Arbeiter aus der gesamten DDR in die Stadt. Radio, Fernsehen, Internet und leider auch der Schulunterricht taten ihr Übriges, das Hochdeutsche zu verbreiten und die Mundarten einzuschränken. Aber in Spuren ist das Gersch noch vorhanden, wenn auch nur in der Umgangssprache. Und es besteht Hoffnung, dass der Dialekt nicht ganz verloren geht.

Ein neu zugereister Syrer und eine alteingesessene Gersche trafen sich in der Straßenbahnlinie 1 und verliebten sich unsterblich ineinander. Sie half ihm, sich zurechtzufinden, und er brachte ihr bei, orientalische Gewürze auseinanderzuhalten. Natürlich besuchte er so bald wie möglich einen Deutschkurs. Die Sprache zu lernen fiel ihm anfangs sehr schwer, aber seine Liebste, ihre Familie und ihr Freundeskreis unterstützten ihn. Und so kam die Woche der Prüfung heran. Am Montag war die schriftliche und am Mittwoch die mündliche Prüfung. Direkt nach der Mündlichen erfuhr er seine Ergebnisse: „Ja, Herr Djamal, Ihre schriftliche Prüfung ist sehr gut ausgefallen, da haben Sie die volle Punktzahl erreicht. Aber bei der Mündlichen reicht es nur für eine Zwei. Sie sprechen leider kein gutes Hochdeutsch, das ist ja alles Gersch!“

Mathe mal ganz anders: Teil 1

Stadtbekannte Persönlichkeiten werden für gewöhnlich eingeteilt in Prominente und Originale. In Gera kennt man aus beiden Gruppen so einige: den Maler Otto Dix, den Physiker Otto Lummer sowie die Leichtathletin Heike Drechsler auf der einen Seite und den Aschewagenbegleiter „Bimmel-August", den Schuhwichseverkäufer „Membo" und die „Stadtpfeifer'n", die gelegentlich den Marktplatz kehrte, auf der andern.
Einen Bürger der Stadt Gera gibt es aber, der in beide Kategorien passt: den Naturwissenschaftler Karl Theodor Liebe. Über ihn gibt es nicht nur Lexikoneinträge bei Meyer und Brockhaus, in ADB und Wikipedia, sondern auch etliche Schnärzchen und Geschichten zu seiner hiesigen Tätigkeit als Lehrer. Liebe wurde 1828 in Moderwitz (heute zu Neustadt an der Orla gehörig) als Pfarrerssohn geboren. Schon als Kind begeisterte er sich für die Vogelwelt und lernte im benachbarten Renthendorf viel vom „Vogelpastor" Ludwig Brehm (dessen Sohn Alfred Brehm später das Standardwerk „Thierleben" verfasste). Als Schüler unternahm Karl Theodor Liebe zahlreiche Exkursionen und erforschte so die Geologie im heutigen Ostthüringen.
In Jena studierte er neben seinem Hauptfach Theologie auch Naturwissenschaften, Mathematik und Pädagogik. Seine Doktorarbeit schrieb er über die Zechsteinablagerungen im Orlatal. Anschließend ging Liebe für drei Jahre als Hauptlehrer an ein Hamburger Realgymnasium – die einzige Zeit seines Lebens, die er außerhalb der engeren Heimat verbrachte.
1855 kam er nach Gera und lehrte bis 1861 an der Gewerbeschule, zuletzt als Direktor. Danach wurde er am Gymnasium Rutheneum Professor für Mathematik und Physik. Zu seinen

Schülern gehörten Max Fürbringer, Felix Heller, Ernst Zimmermann und Carl R. Hennicke, die später ebenfalls in der Geologie oder der Ornithologie Beachtliches leisteten und so über die Stadtgrenzen hinaus bekannt wurden. Von einem weiteren Schüler, der 1886 am Rutheneum sein Abiturium machte, sind die folgenden Episoden überliefert, die so recht den originalen Charakter Karl Theodor Liebes darstellen.

Professor Liebe brauchte für seinen Mathematikunterricht weder Lehrbuch noch Lehrplan. Wichtig war ihm das Verständnis der Schüler und ihre Wissbegierde, jedes Auswendiglernen nicht verstandenen Stoffes war ihm zuwider und wurde mit beißendem Spott bedacht. Und wie bei vielen Genies üblich, hatte er den gesamten Schulstoff seiner Fächer im Kopf.

Daher stellte er die zu rechnenden Aufgaben einfach so, aus dem Kopf. Natürlich passierte es ihm gelegentlich, dass eine wichtige Angabe dabei fehlte, dass das Rechnen mehr Zeit und Platz brauchte als erwartet und dass die Aufgabe sich am Ende als nicht lösbar entpuppte. Der mutigste unter den Schülern meldete dem Professor diese Unlösbarkeit, die von der Klasse einstimmig bestätigt wurde. In der ihm typischen Grobheit machte er sich mit den Worten „Dumme Kerle seid ihr; ich werde es euch beweisen!" über die Aufgabe her, bis er bemerkte, dass sie in der gestellten Form tatsächlich nicht zu lösen war. Und plötzlich bekam er einen „elenden Hexenschuss", warf die Kreide durchs Klassenzimmer und verabschiedete sich mit den Worten: „Das nächste Mal rechnen wir weiter!" Es bedarf wohl keiner besonderen Erwähnung, dass ihn daran niemand erinnerte.

Alle zwei Wochen waren in der Mathematik Hausarbeiten abzuliefern, für die es besondere Hefte gab. Professor Liebe nahm es mit diesem 14-Tage-Rhythmus nie so ganz genau, was ihm die Schüler freilich nicht übelnahmen. Dauerte es mal besonders

lange, konnte es vorkommen, dass er die Klasse überraschend fragte: „Wo sind eure Hefte?“ Einer, der schlagfertig und frech genug war, antwortete darauf prompt: „Herr Professor, Sie haben sie zur Korrektur mit nach Hause genommen!“ – „Richtig“, antwortete Karl Theodor Liebe darauf, „ich hatte gestern Abend wieder meine elenden Gesichtsschmerzen und bin mit der Korrektur nicht fertig geworden!“ Natürlich hatten Schüler und Lehrer sich hier gegenseitig herzhaft angelogen. Aber die Klasse hatte für eine Weile Ruhe, was die Hausarbeiten betraf. Ob aber die „Gesichtsschmerzen“ tatsächlich ihren Ursprung in Liebes Dämmerschoppen im Ratskeller hatten, darüber schweigt Frau Fama.
Eines Tages im Jahre 1886 besuchte Herr Heinrich XXVII. Erbprinz Reuß j. L. seinen hochverehrten einstigen Lehrer Liebe im Gymnasium Rutheneum. Er nahm am Mathematikunterricht der Prima, also der Abschlussklasse, teil, und wollte den Professor aus der Reserve locken. Prof. Liebe beschrieb den Kreis als n-Eck mit unendlich vielen Seiten, erhielt aber vom hohen Gast den Einwand: „Da ist doch die Mathematik recht ungenau, denn ein n-Eck ergibt doch noch längst nicht die Abrundung des Kreises!“ Liebe betonte, dass es sich um unendlich viele und also unendlich kleine Seiten handle, aber der Erbprinz widersprach erneut. Da riss der Geduldsfaden des Professors und er schloss den Disput mit den Worten: „Durchlaucht, wenn’s einer nicht kapiert, dem kann ich auch nicht helfen!“
In seiner groben Art war Karl Theodor Liebe trotzdem ein frommer Mann, was sich in seinen Andachten widerspiegelte, die er wie jeder andere Gymnasialprofessor regelmäßig zu halten hatte. Sein Glaube war das Christentum der Tat, und über die Wunderwerke der Schöpfung in der Natur sprach er gern. Auf sein theologisches Kandidatenzeugnis war er bis ins hohe Alter stolz.

Verheiratet war Karl Theodor Liebe mit Emilie geb. Weisker, die seine Interessen teilte. Große Hilfe leistete sie ihm bei der Pflege und Versorgung der Vögel, die er in Käfigen hielt – bis zu 200 sollen es gewesen sein. Viele davon fand er verletzt bei seinen Wanderungen, andere wurden ihm gebracht und von ihm und seiner Emilie gesund gepflegt.
Mit 66 Jahren wurde Karl Theodor Liebe aus gesundheitlichen Gründen pensioniert und verstarb keine drei Monate darauf

Hofrat Dr. Karl Theodor Liebe (*1828; †1894).

1894 in Gera. Nachrufe erschienen nicht nur in lokalen Publikationen, sondern auch in zahlreichen ornithologischen und geologischen Fachzeitschriften. Und weit über die Grenzen der Stadt hinaus wurden Stimmen und Gelder für ein Liebe-Denkmal gesammelt. Zwei Jahre nach seinem Tod wurde es auf dem Hainberg eingeweiht und wird bis heute umzwitschert von den Vögeln des Geraer Stadtwalds. Wie pflegte Professor Liebe immer zu sagen? „Auf dem Hainberge nisten 104 Finken; ich kenn sie alle am Schlag!“

Von besonderen Straßen und Gassen

Im späten 19. Jahrhundert wurden in unserer Gegend nach und nach allen bestehenden Straßen Namen gegeben. Manche trugen ihre Benennungen im Volksmund schon jahrhundertelang, für andere wurden neue Bezeichnungen gefunden. Viele Namen wurden im Laufe der Zeit absichtlich verändert oder im täglichen Gebrauch so abgeschliffen, dass der ursprüngliche Zusammenhang gar nicht mehr zu erkennen war. Und so kommt es, dass viele alte und neue Straßennamen der Stadt heute unfreiwillig komisch wirken. Die schönsten Beispiele dafür seien nachstehend genannt.

Alle alten Städte hierzulande zeichnen sich dadurch aus, dass sie im Mittelalter von einer Stadtmauer umschlossen waren. Bald darauf bildeten sich Vorstädte, deren Bewohner weniger Rechte hatten als die eigentlichen Bürger der Stadt. Die nördliche Mauer der Stadt Gera verlief direkt neben der heutigen Gasse *Hinter der Mauer*, die das Schlosstor im Nordwesten mit dem Leumnitzer Tor im Nordosten verband. Anfang der 1980er-Jahre wurden zahlreiche Gebäude abgerissen, um Platz für eine neue Straßenbahntrasse zu schaffen. Am 3. Juni 1984 war es schon so weit, die erste Straßenbahn fuhr über die neu gebauten Gleise. Der Volksmund war schneller. Keine vier Wochen später war nämlich folgender Witz im Umlauf: „Was ist der Unterschied zwischen Ostberlin und Gera?“ – „In Ostberlin fährt die Straßenbahn vor der Mauer, in Gera fährt sie hinter der Mauer!“ Und bereits am 27. Juni 1984 beschloss der Rat der Stadt Gera in einer eigens anberaumten Sondersitzung, dass die Straße *Hinter der Mauer* ab sofort *Am Leumnitzer Tor* heißt. 1991 wurde dieser Unsinn zum Glück wieder rückgängig gemacht.

Nördlich der heutigen Heinrichstraße – also außerhalb der Stadtmauer – befand sich das *Meistergässchen*. Der Meister, der hier wohnte und wirkte, gehörte aber keiner Handwerkerzunft an: Es war der Scharfrichter, der euphemistisch „Meister“ genannt wurde. Vom Städter verachtet und vom Abergläubischen gefürchtet, war er dem Landesherrn unterstellt. Zu seinen Pflichten gehörte auch die Abdeckerei, weshalb das Meistergässchen in manchen Dokumenten Schinder- oder Abdeckergässchen genannt wurde. 1945 wurde das Gässchen durch Bomben zerstört und nicht wieder aufgebaut.

Wo der Stadtgraben in die Reichsstraße mündet, ist heute ein kurzer Abschnitt des Mühlgrabens zu sehen. Dieser Graben war über Jahrhunderte hinweg die Lebensader der Stadt, diente aber auch als Gerichtsstätte: Es wurde das „Fallen durch den Korb“ praktiziert, wonach die früher hier verlaufende Gasse den Namen *Am Korbe* oder *Hinterm Korbe* trug. Wer im 17. Jahrhundert beim Einbruch in Gärten oder beim Zerstören von Feldern oder Zäunen ertappt wurde, konnte mit dieser Ehrenstrafe belegt werden. Am Ufer des Mühlgrabens wurde ein Galgen aufgerichtet, sodass der Querbalken über den Graben ragte. Daran wurde ein Korb be-

Seit 1984 hält die Straßenbahn *Hinter der Mauer* und fährt in der Johannisstraße durch ein Haus – Europas erste und einzige Wohnhausdurchfahrt einer Straßenbahn.

festigt, in den sich der Delinquent zu setzen hatte. Der Boden des Korbs wurde mittels Riegel entfernt, und unter dem Gelächter der Zuschauer und Anwohner fiel der arme Kerl in den nicht immer sauberen Mühlgraben. Mancher erhöhte unfreiwillig den Spaß der Zuschauer, indem er versuchte, sich am Korb festzuhalten – und nach kurzer Zeit trotzdem reinfiel. Er wurde herausgefischt und die Prozedur wurde mehrfach wiederholt.
Im späten 18. Jahrhundert wurde die Strafe erneut eingeführt, weil der Felddiebstahl überhandnahm. Nach wenigen Monaten hat man das „Fallen durch den Korb" allerdings schon wieder abgeschafft, denn viele Verurteilte waren weiblichen Geschlechts. Und wenn diese durch den Korb rutschten, konnte man ihre Untergewänder sehen, sofern sie denn welche trugen …
Südlich der heutigen Heinrichstraße gab es ursprünglich einen langen, sumpfigen Graben als Grenze zum Flurstück Enzian. Wegen der unzähligen Amphibien, die dort lebten und Tag wie

Nacht zu hören waren, war er unter dem Namen *Krötenbach* bekannt. „Krötenbach" lautete auch die Adresse der später erbauten Häuser, was deren Bewohner jedoch bald verdross. Die Gasse sollte 1840 einen schöneren Namen bekommen! Aber was kommt dabei raus, wenn ein Gersch sprechender Beamter damit beauftragt wird und seine Fantasie spielen lässt? *Margaretengasse*! Denn die Kurzform von Margarete ist „Grete", und ganz genauso spricht der Gersche nun mal das Wort „Kröte" aus. Hundert Jahre später wurde die Gasse gepflastert und in Margaretenstraße umbenannt, bevor sie zwei weitere Jahrzehnte später dem DDR-Wohnungsbau zum Opfer fiel.
Für zahlreiche Auswärtige, aber auch für manchen Einheimischen ist es verwirrend, dass sich Johannisplatz und Johannisstraße an einer völlig anderen Ecke der Innenstadt befinden als die Johanniskirche. Geras erste Johanniskirche (St. Johannis Baptistae) stand freilich tatsächlich am heutigen Johannisplatz, zu dem die Johannisstraße hinführt. Das Gotteshaus war beim großen Stadtbrand 1780 zerstört worden. Die neue Johanniskirche (St. Johannis Evangelistae) ist ihr Nachfolgebau und wurde 105 Jahre später außerhalb der alten Stadtmauer eingeweiht. Die neue Kirche brauchte nämlich viel mehr Platz als die alte. Und man erzählt sich, dass sie nur deswegen so groß gebaut werden konnte, weil ein gewaltiger Anteil an der Finanzierung durch eine Biersteuer aufgebracht wurde.
Die Straße *Ferbers Anbau* verbindet seit 1874 die Bauvereinsstraße mit der Hohen Straße. Sie wurde mit Kommerzienrat Moritz Rudolf Ferbers Geld auf seinem Grund errichtet und erhielt so ihren offiziellen Namen. Weil sie aber den Verlauf einer S-Kurve hat, heißt sie im Volksmund von Anfang an *Schöpsdreh*. Die Schöpsdreh (auch Drehwurm, medizinisch Coenurose genannt) ist eine Wurmkrankheit bei Schafen, die kreisförmiges Wandern

als Symptom hat. Angeblich zeigen manche Heimgänger aus Gerschen Kneipen spät am Abend ein ganz ähnliches Verhalten. Drei Brücken in Gera sind nach Tieren benannt: die Kuh-, die Ochsen- und die Eselsbrücke. Letztere wurde 1910 fertiggestellt und hat ihren Namen vom benachbarten Eselsweg, der den Vorort Roschütz mit der Cubamühle verband und an einer Eselshalterei vorbeiführte.

Ende der 1980er-Jahre musste die Eselsbrücke allerdings neu gebaut und in Klement-Gottwald-Brücke umbenannt werden, nachdem nicht weit davon die Bezirkszentrale der Staatssicherheit eingeweiht worden war. Und den entsprechenden politischen Witz aus Stasi und Esel hätte sich seinerzeit jeder DDR-Bürger selber machen können.

Der allererste Friedhof der Stadt Gera befand sich innerhalb der Stadtmauer rund um die alte Johanniskirche. Im Zuge der Reformation wurde er Mitte des 16. Jahrhunderts nach außerhalb der Stadt verlegt, was sich – in Anbetracht der insgesamt acht durchlittenen Pestepidemien hierzulande – als gute Idee erwies. Eines Tages musste der Friedhof aus Kapazitätsgründen erweitert werden, wozu man Teile eines Gartens dazukaufte, in dem der Vorbesitzer Huth Haselnüsse angebaut hatte. Bald darauf wurde es in Gera üblich, auf ein Niesen nicht mit „Helf dir Gott!“ oder „Gesundheit!“ zu reagieren, sondern mit dem schönen Satz „Sieh zu, dass du nicht in Huths Nussgarten kommst!“. Zu Beginn des 20. Jahrhunderts fand die letzte Beisetzung statt; der Friedhof wurde aufgelassen. Ende der 1920er-Jahre machte man einen Park daraus und nannte ihn Friedrich-Ebert-Hain, ließ aber zahlreiche Grabsteine stehen. Von 1933 bis 1945 hieß er Horst-Wessel-Hain und nach dem Zweiten Weltkrieg Stadtpark.

In den 1950ern wurden die meisten der übrigen Grabsteine entfernt und der Park in einen Sport- und Spielplatz umgestaltet. Er erhielt den Namen *Park der Jugend*. Die Gerschen aber kannten die Geschichte des Parks und so bürgerte sich bald die Bezeichnung „Knochenpark“ ein. Vermutlich findet man tatsächlich Knochen, wenn man nur tief genug gräbt. Und dies ist wohl der Grund dafür, warum das Mitführen von Hunden in diesem Park verboten ist.

Zu den wenigen Kindern der Stadt Gera, die überregional bekannt sind, gehört der Physiker Otto Lummer (1860–1925). Er war der erste, der den Peitschenknall mit dem Überschall in Verbindung brachte, er erzeugte mit seiner Quecksilberdampflampe monochromatisches Licht und er schuf die Grundlagen für Max Plancks Quantenhypothese. Ganz klar, dass man nach so einem Wissenschaftler eine Straße seiner Geburtsstadt benennen muss. 1988 war es so weit: Geras zweites Neubaugebiet Bieblach-Ost war errichtet worden und Dutzende neuer Straßen mussten benannt werden. Den Bewohnern war es meist egal, nach wem die Straße hieß; zu DDR-Zeiten wurden sowieso vor allem kommunistische Antifaschisten oder verdiente SED-Genossen mit Straßennamen geehrt, und die kannte der einfache Gersche meist eh nicht. Und so wunderte sich niemand über die neu benannte *Otto-Cummer-Straße* mit „C“.

Umso wichtiger wurden die Bezeichnungen der Straßen nach der Wende 1989/90. Jeder einzelne der zu DDR-Zeiten vergebene Straßenname wurde begutachtet und geprüft, ob er noch tragbar ist. Und da gab es ein Problem: Kein Mensch kannte Otto Cummer! Weder im Stadtmuseum noch in der Stadtbibliothek noch im Stadtarchiv fand sich irgendein Hinweis auf einen Mann dieses Namens. Zuletzt wurde man aber im Bauamt fündig. Hier lag noch der Zettel mit dem handschriftlich vermerkten Straßennamen, auf dem man das „L“ leicht als „C“ deuten konnte. Und so musste diese Straße 1991 in *Otto-Lummer-Straße* umbenannt werden.

Der Thüringer Waldzoo

Seit 1962 gibt es im Martinsgrund im Geraer Stadtwald einen Tierpark. Zunächst nur als Tiergehege für Mufflons, Rehe und Rothirsche gebaut, für das man noch nicht einmal Eintritt zahlen musste, wurde der Park stetig vergrößert und erweitert. Inzwischen beschränkt man sich nicht mehr nur auf einheimische Tierarten, sondern beherbergt auch Löwen (wichtig als Wappentier der Stadt) und Kamele (häufig als Schimpfwort in der Stadt). Inzwischen ist der Tierpark so weit gewachsen, dass manche großspurig vom „Thüringer Waldzoo“ sprechen, obwohl Gera ja im Osten des Bundeslandes liegt und gerade nicht im Thüringer Wald.

Verstecken muss sich dieser Tierpark jedenfalls nicht. Bauernhof, Naturlehrstube, Gastronomie, verschiedene Feste und nicht zuletzt die Parkeisenbahn machen ihn bis auf den heutigen Tag zum Anziehungspunkt für Jung und Alt. Und Hundehalter dürfen sogar ihre vierbeinigen Freunde mitbringen und an der Leine führen, was in Zoos recht selten ist.

Die Auswahl des Standortes für den Tierpark im Martinsgrund war historisch geschickt gewählt. Eine Sage berichtet nämlich, dass vor langer Zeit aus dem Zwinger von Schloss Osterstein ein wilder Bär entflohen war. Nicht weit davon ging Fräulein von Uttenhoven, die Tochter des Pöppelner Gutsherrn, im Wald spazieren. Sie war dem Herrn von Selmnitz versprochen, liebte jedoch heimlich den armen Ritter von Ende. Dem Bären war das ziemlich egal, er näherte sich ihr mit bedrohlichem Brummen. Da erschien als Retter der Ritter, er besiegte den Bären und durfte das gnädige Fräulein zur Belohnung heimführen. Der Waldabschnitt aber heißt nach dem Vornamen des Ritters von Ende fortan der Martinsgrund. Bären gibt es heute hier keine mehr, trotzdem aber hin und wieder Abenteuer mit Tieren.

In den frühen 1990er-Jahren öffneten selbsternannte Tierschützer das Wolfsgehege und befreiten so mehrere Tiere. Statt sie aber in eine geeignete Gegend zu transportieren, ließ man den Wölfen freien Lauf, mitten in der Stadt. Und so verendete einer nach dem anderen im Straßenverkehr. Gut gemeint ist häufig das Gegenteil von gut gemacht. Seitdem gibt es keine Wölfe mehr im Geraer Tierpark. So spannend die Geschichte ist – so unwahr ist sie leider auch. Sie entpuppte sich bald als Zeitungsente. Zuletzt war nämlich nur noch ein altes Wolfspärchen übrig, das Anfang der 1990er verstarb. Die beiden waren so an ihre Gefangenschaft gewöhnt, dass man sie wohl nur mit Gewalt aus ihrem Gehege hätte „befreien" können.

Eine weitere Besonderheit sind begehbare Gehege für verschiedene Tierarten: Ziegen, Berberaffen, Damwild und Kängurus. Da kann man die Tiere aus nächster Nähe sehen und ohne störendes Gitter fotografieren, solange man sich an die Regeln hält. Hüte, Brillen, Taschen festhalten, nur erlaubtes Futter füt-

Durch dieses Tor floh das Känguru aus dem Tierpark in den Dahliengarten.

tern und natürlich den Hund draußen lassen. An einem Wochenende im September 2018 war ein Besucher dazu nicht in der Lage, obwohl mehrere Schilder darauf hinweisen. Er musste unbedingt seinen Hund mit ins Känguru-Gehege nehmen. Nun sind die Beuteltiere bei menschlichen Besuchern scheu und hüpfen auf Abstand. Der Hund brachte eins der Tiere vollends aus der Fassung, es ergriff die Flucht über den eigentlich ausreichend hohen Zaun. Danach bewies es eine überraschende Ortskenntnis und floh – zwischen den erstaunten Gästen hindurch – schnurstracks Richtung Ausgang. Mehrere Tierparkmitarbeiter nahmen zwar bald die Verfolgung auf, konnten das Tier aber nicht erreichen. Das Känguru hatte inzwischen den Tierpark verlassen und war in den gegenüberliegenden Dahliengarten hineingesprungen. Wer kann es ihm verdenken? Im September blühen die Dahlien am schönsten. Zum Glück war dort eine junge Frau unterwegs, deren mehrjähriger Australienaufenthalt nicht allzu lange zurücklag. Sie wusste, was zu tun war: Beherzt packte sie das Beuteltier am Schwanz und hielt es so lange in Schach, bis die Mitarbeiter es in einer Transportbox zurück ins Gehege bringen konnten. Nach all der Aufregung gab es doch noch ein Happy End.

Zwei Dinge lassen sich aus diesem Abenteuer lernen: 1. Reisen bildet. 2. Mancher Hundebesitzer sollte dringend lesen üben.

Das Monistenloch

Alles hat ein Ende, nur die Roster (so nennen wir die Thüringer Rostbratwurst) hat zwei. Und wenn ein Menschenleben zu Ende geht, ist es gut, einen Ort für die sterblichen Überreste und die Erinnerung zu haben. Der erste Friedhof Geras befand sich auf dem heutigen Johannisplatz. In der Mitte stand die alte Johanniskirche, wohl schon bevor Gera Stadtrecht hatte. Später lagen Kirche und Kirchhof ganz selbstverständlich innerhalb der Stadtmauer. Spätestens mit der Reformation (hier ab 1533 eingeführt) wurde der Friedhof nach außerhalb verlegt. Das erwies sich angesichts mehrerer Pestepidemien als gesünder für die Überlebenden in der Stadt. Schon bald wurde der alte Friedhof in einen öffentlichen Platz der Stadt umgewandelt, der bis heute unter anderem für Marktzwecke genutzt wird.

Der neue Friedhof lag in der Badertorvorstadt, nicht weit von den beiden Hospitälern der Stadt. Die Zwei-Klassen-Medizin ist ja keine Erfindung des 21. Jahrhunderts. In Gera gab es bereits vor 500 Jahren das St. Wolfgangs- und das Marienhospital, die im Volksmund nur „der arme“ und „der reiche Spittel“ hießen. Ganz selbstverständlich, dass der Weg vom armen Spittel zum Friedhof auch geografisch der sehr viel kürzere war. Um die Jahrhundertwende vom 19. zum 20. wurde dieser Friedhof aufgelassen und nach und nach in einen Park umgewandelt. Inzwischen gab es zwei neue städtische Friedhöfe: im Stadtteil Debschwitz den Südfriedhof und nicht weit vom alten Galgenberg den Ostfriedhof.

Jedem Besucher des Ostfriedhofs fällt gewiss der imposante Jugendstilbau des Krematoriums auf, das seit 1910 über 80 Jahre hinweg in Betrieb war und heute als bauliches und technisches Denkmal zu sehen ist. Zwei Eigenarten sind es, die das Krematorium weltweit einmalig machen. Errichtet wurde es nach Plänen des Geraer Stadtbaurats Adolph Marsch (1854–1930). Es hatte als Erstes an den Außenwänden der Verbrennungsanlage ein Kolumbarium zur Aufbewahrung von Urnen. Sein „Kremato-Columbarium System Marsch“ hat sich der Architekt sogar patentieren lassen.

Auf dem Südfriedhof befindet sich auch das Grabmal des seinerzeit berühmten Bildhauers Selmar Werner.

Kapelle und Krematorium auf dem Ostfriedhof – für Trauerfeiern der Dissidenten war das Monistenloch vorgesehen.

Die andere Besonderheit ist das „Monistenloch“. Laut Gesetz durften in der Friedhofskapelle (Feierhalle) nur Trauerfeiern unter Leitung von evangelischen Pfarrern stattfinden. Feiern für verstorbene „Dissidenten“ (aus der Kirche Ausgetretene) mussten unter freiem Himmel stattfinden. Der Leichnam wurde dabei in einen Schacht zwischen Feierhalle und Verbrennungsanlage abgesenkt. Eine beachtliche Gruppe unter diesen Dissidenten bildeten die Monisten, eine auf Ernst Haeckel zurückgehende Freidenkervereinigung. Nach ihnen (wenn auch gegen ihren Willen) erhielt der Versenkungsschacht den Spitznamen „Monistenloch“. Dieser Name wurde weit über die Grenzen der Stadt bekannt und beschäftigte politische, kirchliche und humoristische Zeitungen und Zeitschriften. Das Gesetz wurde erst 1918 geändert; bis dahin fanden nicht-christliche Trauerfeiern auf dem Ostfriedhof – bei jedem Wetter – draußen statt.

Auf dem Südfriedhof in der Wiesestraße gibt es einen kuriosen Grabstein der Familie Pitschel mit der Aufschrift „Direkte Nachfahren von Lucas Cranach d. Ä". Alle anderen Inschriften sind ziemlich verblichen, nur die genannte glänzt noch golden – aber ausgerechnet die ist falsch. Eine Frau Pitschel kletterte in den 1970er-Jahren in ihrem Stammbaum herum und machte eine großartige Entdeckung. Eine solche Recherche war damals – zu DDR-Zeiten und vor Erfindung des Internets – eine mühsame Sache. Aber sie war felsenfest davon überzeugt, sie hätte eine direkte Linie vom großen Maler Cranach bis zu sich selbst gefunden. Sie ließ sich das auch nicht von den Abkömmlingen Lucas Cranachs d. Ä. ausreden. Diese waren schon lange ziemlich gut organisiert und hatten natürlich die Ahnenforschung intensiv und professionell betrieben, aber dabei niemanden aus der Familie Pitschel gefunden. Und auch sonst konnte kein Familienforscher eine solche Abstammung bestätigen. Frau Pitschel blieb aber bei ihrer Meinung, ließ die Verwandtschaft auf dem Familiengrabstein vermerken und sich später darunter beisetzen.

Was soll man dazu sagen? Nur weil etwas in Stein gemeißelt ist, muss es noch lange nicht wahr sein.

Die Köhler

Der Volksmund behauptet in Anlehnung an einen antiken Dichter: „In einem gesunden Körper steckt ein gesunder Durst." In Gera werden solche Weisheiten sehr ernst genommen; die Getränke und ihre Qualität spielen eine große Rolle. Im Mittelalter war neben dem Wasser der Wein das wichtigste Getränk. Auch wenn man es sich heute nicht mehr vorstellen kann, man hat tatsächlich im Elstertal in und um Gera Wein angebaut. Flurbezeichnungen wie „Weinberg" erinnern bis heute daran. Allerdings hat die Kleine Eiszeit im 16. und 17. Jahrhundert dem ein Ende gemacht. Zuletzt soll der Wein so sauer gewesen sein, dass es einem die Löcher in den Strümpfen zusammengezogen hat. „In Gera presst man Trauben aus und denkt, es würde Wein daraus", spottete man bald in der Gegend. Die Gerschen reagierten prompt und bepflanzten den alten Weinberg und andere Abhänge mit Hopfen. Die für das Malz nötige Gerste baute man ja sowieso bereits an. Nach kurzer Zeit wurde das Bierbrauen, das man schon lange kannte, allgemeiner Brauch.

In den Stadtstatuten von 1487 war das Braurecht ausdrücklich formuliert. Jeder mündige Bürger mit eigenem Haus in der Stadt durfte Bier brauen. Wenn er das tat, war er aber auch verpflichtet, das Bier in regelmäßigen Abständen öffentlich auszuschenken. Im Reihschank hatte also der Reihe nach jeden Tag jemand anderes „Bier auf". Wer Platz hatte, durften „Gäste setzen", wer nicht, der beschränkte sich auf den Straßenverkauf. Eine große Bierstange markierte jeweils das betreffende Haus. Und wenn das Kind oder die Magd oder der Knecht nicht wusste, wo das Bier zu haben war, hieß es gleich: „Such, wo der liebe Gott den Arm rausstreckt!"

Gebraut wurde im Winter, mehr getrunken aber im Sommer, weshalb das Bier gut gelagert werden musste. Im Keller waren die Temperaturunterschiede oft zu groß. Und wenn das Bier sauer wurde, waren Hopfen und Malz verloren. So kam man auf die Idee, unter den Kellern Tiefkeller zu graben und auszubauen. Eine Etage tiefer herrscht nämlich ganzjährig die gleiche Temperatur – je nach Lage in der Stadt zwischen neun und zwölf Grad Celsius – und das war ideal für das empfindliche Gebräu. „Höhler" nannte man diese Tiefkeller mit drei bis elf Metern Tiefe, und zu ihrem Bau wurden Bergleute eingesetzt. Inzwischen sind über 260 Höhler bekannt, es gibt aber sicher noch viel mehr. Jeder einzelne war nur vom Hauskeller aus zugänglich, denn niemand wollte, dass einem der Nachbar das Bier wegsäuft.
Im Zuge der Industrialisierung im 19. Jahrhundert lohnte sich das Brauen für den Einzelnen nicht mehr, und die Höhler wurden nicht mehr für das Bier gebraucht. Manche lagerten Sauerkraut oder Obst in Einmachgläsern darin, andere nutzen die Räume als Kohlenkeller, und wieder andere warfen Abfälle oder Bauschutt hinein und vermauerten die Zugänge. Die Höhler gerieten in Vergessenheit, man erinnerte sich nur noch in Sagen daran. Und diese Sagen verselbstständigten sich. Bald darauf war von kilometerlangen unterirdischen Gängen die Rede. Und manche davon führen angeblich unter der Weißen Elster hindurch bis zum Schloss Osterstein hinauf! Nach wie vor gibt es Menschen, die das für bare Münze nehmen. Es tut mir leid: nein. Allein die Arbeit der Bergleute und ihre Bezahlung dafür hätte jeden Rahmen gesprengt.
Einige Höhler wurden aber später tatsächlich miteinander verbunden. In den 1930ern vereinigte man mehrere, die günstig lagen, zu Luftschutzkellern. Diese wurden im Zweiten Weltkrieg

verwendet und retteten zahlreiche Menschenleben. Schon vorher hatte man die Höhler gelegentlich als Schutzräume benutzt. Am 18. September 1780 erlebte Gera seinen verheerendsten Stadtbrand. Witwe Richter sah an jenem Montag auf einem Spaziergang die Stadt in Flammen aufgehen und eilte zu ihrem Haus in der Böttchergasse. Aus ihrer Wohnung versuchte sie zu retten, was zu retten war, und trug zunächst die Federbetten in den Höhler. Kaum war sie da angekommen, stürzte über ihr das Haus zusammen. Der Eingang zum Höhler war verschlossen, Witwe Richter war gefangen. Alles, was sie hatte, waren die Federbetten, zahlreiche Lampen, nur noch ganz wenig Bier und nichts zu essen. So wartete sie hungrig und durstig, aber wenigstens mit Licht, auf ihr Ende. Drei Tage später wurde sie

Die Höhler, Tiefkeller unter den Hauskellern, wurden einzig und allein zum Lagern von Bier gebaut.

durch ihren Schwiegersohn gerettet. Nachbarn hatten Frau Richter ins Haus gehen, aber nicht herauskommen sehen. Dass er sie erst Tage später befreit hat, hing übrigens mit einer Geschäftsreise zusammen und nicht damit, dass es die Schwiegermutter war …

Zu DDR-Zeiten war es („aus sicherheitstechnischen Gründen") verboten, die Höhler zu betreten; freilich, da unten kann man nur schwer jemanden abhören. Aber sie wurden weitestgehend erfasst, vermessen und – zugunsten von Plattenbauten – verfüllt. Einige sind jedoch erhalten geblieben. Zehn Höhler unter dem Steinweg wurden miteinander verbunden zu einem Museumshöhler, der 1989 eröffnet wurde. Seitdem kann man an „unterirdischen Stadtführungen" teilnehmen und in einer knappen Stunde immerhin 250 m unter Tage zurücklegen.

Die älteste Schankstätte

„Ratskeller Gera – älteste Schankstätte Deutschlands!" Postkarten mit dieser Aufschrift aus den Gründerjahren findet man gelegentlich noch heute. Bescheidenheit gehörte schon damals nicht zu den Schwächen der Gerschen. Und auch wenn der Ratskeller bereits in den Stadtstatuten von 1487 erwähnt wurde, gibt es natürlich viel ältere Lokale hierzulande. Trotzdem lässt sich über unseren Ratskeller allerhand Interessantes erzählen. Zum Beispiel gab es 1487 eine Regelung, wie Stadtrat und Ratskellerwirt trotz Zechprellerei keinen Verlust machten: Alle offenen Rechnungen des Tages hatte derjenige zu zahlen, der am Abend als Letzter im Ratskeller saß. Da musste man wachsam sein und rechtzeitig verschwinden können.

Bei einem seiner Besuche in Gera, 1721 oder 1725, hatte sich das sogar Johann Sebastian Bach zunutze gemacht. Der Volksmund hat die Anekdote sicher über drei Jahrhunderte bewahrt, denn der große Tondichter hat seinerzeit im Ratskeller die Zeche geprellt!
Aber andere Leute haben sich dort noch ganz anders benommen. Eine Tuchmacherstadt wie Gera pflegte selbstverständlich innigste Kontakte zu den Schäfern der Gegend. Alljährlich zum Tag Bartholomäi (24. August) begann in Gera ein zweitägiger Jahrmarkt, der „Schaf-Jahrmarkt". Alle Schäfer und Schafknechte der Umgebung kehrten mit ihrer weiblichen Begleitung in den Ratskeller ein und „fraßen und soffen übermäßig", wie der Chronist erzählt. Das Lokal war für das Schäfereipersonal reserviert, wofür der Wirt mit einem ganzen Hammel entschädigt wurde. Jeder einheimische und fremde Gast, der das nicht wusste oder bedachte, wurde gepfändet und musste sich loskaufen. Von den ältesten Zeiten an wurde dieser Brauch gepflegt, bis er 1804 ersatzlos gestrichen wurde.
Lange Zeit war der Ratskeller das einzige Lokal in der Stadt, in dem fremde Biere ausgeschenkt wurden. Das war durchaus eine Besonderheit, weil alle anderen nur Gersches Bier im Angebot hatten, was bekanntlich in den Höhlern gelagert wurde. Der Ratskeller hatte deshalb keinen eigenen Höhler, weil die auswärtigen Biere ja regelmäßig geliefert und sofort ausgeschenkt wurden. Trotzdem gibt es das Gerücht von einem ganz geheimen Höhler unter dem Rathaus, in dem mehrere aufeinanderfolgende Ratskellerwirte das billige einheimische Bier lagerten, das nur an gute Freunde ausgeschenkt wurde. Diesen Höhler hat man aber bis heute nicht entdeckt oder vielmehr bis gestern. Denn der heutige Tag ist ja noch nicht vorbei.

Ende des 19. Jahrhunderts kamen Museen groß in Mode – ganz selbstverständlich musste auch der Ratskeller eins haben. Es wurde zwar privat vom Wirt geführt, doch kamen so manche Schätze zusammen. Leider ging der Wirt pleite und auswärtige Antiquitätenhändler erwarben Gegenstände, Dokumente und Exponate zu einem Spottpreis. Dem Städtischen Museum – wo man dies alles wissenschaftlich erfasst und untersucht hätte – gingen dabei wertvolle Stücke unwiederbringlich verloren.
Über Jahrhunderte hinweg war der Ratskeller in Gera das Lokal schlechthin, es verkehrten Hoch und Niedrig, Arm und Reich, Einfach und Gebildet meist in schönster Harmonie miteinander. Neckereien und lockere Sprüche waren an der Tagesordnung. Als Beispiel möge ein typischer Dialog in typischer Mundart dienen. Dass ein Advokat ein Anwalt ist, muss man hier wohl nicht erklären: „Wär war där, där ääm 'naus is?" – „Wissen Se, Herr Nachbar, ich sag dn Leiten nich gärne was Schlechtes nach, ich gloob awer, 's is e Advokate."
Jedenfalls ist der Ratskeller bis heute eine Gastwirtschaft, in der man neben dem Bier allerlei gute Speisen und Getränke serviert.

Durch dieses Portal gelangt man bis heute in den Ratskeller.

Dass er heute nicht mehr „Ratskeller“ heißt, sondern nach seiner Adresse benannt ist, hat seinen Grund vermutlich darin, dass er zu DDR-Zeiten nicht immer den besten Ruf hatte. Das hing u. a. mit den Fans verschiedener Fußballmannschaften zusammen, die hier ihre Stammtische hatten und ab einem gewissen Alkoholgehalt regelmäßig aufeinander losgingen. Zahlreiche Kellner weigerten sich daher, im Ratskeller zu arbeiten, aber dem Schauspieler Günther Zschieschow machte das nichts aus; er jobbte hier nebenbei als Kellner. Er hatte aber auch seine eigene Art, mit solchen Gästen bestens zurechtzukommen. Sobald sich ein Streit anbahnte, eilte er zu den beiden Kontrahenten, zeigte dem einen die gelbe Karte und drohte dem anderen mit der roten. Und als wäre nichts gewesen, ließen beide voneinander ab und setzten sich an ihren jeweiligen Tisch. Fairness und Sportsgeist sind eben doch manchmal stärker als Alkohol.

Von wegen „Bliemelmalerei“

Kennen Sie den?

Sein Werk wird allgemein dem Realismus, genauer der Neuen Sachlichkeit, zugeordnet, aber sein Mal- und Zeichentalent unternahm permanent Ausflüge in alle Richtungen: Impressionismus, Expressionismus, Kubismus, Futurismus, Dadaismus. Für die ab 1933 Herrschenden waren diese Begriffe zu kompliziert; man ordnete seine Werke einfach als „entartete Kunst“ und „gemalte Wehrsabotage“ ein.

Er war Mitglied der Preußischen Akademie der Künste. Seine – auch vom Format her – größten Werke heißen „Großstadt“ (1928) und „Der Krieg“ (1932). Und „Trau deinen Augen!“ lautete sein

Wahlspruch. Er stammte aus dem Geraer Vorort Untermhaus und das hat er nie vergessen, egal ob er in Dresden, in Düsseldorf oder in Hemmenhofen wohnte. Neben Dresden war Gera seine „alte Liebe“. Auf Tonbandaufnahmen aus späten Jahren ist seine wunderbare Gersche Sprache festgehalten, die er nie aufgegeben hat. Und wer ihm in Künstlerkreisen besonders feierlich oder besonders arrogant begegnete, dem stellte er sich mit „Otto Dix, Untermhaus“ vor. Und keiner wusste, wo das liegt.
Wilhelm Heinrich Otto Dix (1891–1969), Maler und Grafiker, Rebell und Bürgerschreck, Gerscher und Weltbürger: Es gibt unzählige Anekdoten zu und Aussprüche von ihm; die besten davon seien hier vorgestellt. Otto war ein guter Schüler, obwohl die Zensuren im Zeichnen sehr viel besser waren als die im Turnen. Gedichte brauchte er nie auswendig zu lernen. Er prägte sich einfach den Anblick der Buchseite ein, stellte sie sich vor und las einfach ab. Und wenn in der Untermhäuser Schule Bilder von Schülern ausgestellt wurden, gehörten seine zu den besten. Sein Zeichenlehrer Ernst Schunke hat das Talent erkannt und Otto Dix sehr gefördert. Der „alte Krauter“, sein Lehrmeister Carl Senff, bei dem er Dekorationsmaler lernte, konnte mit Dix’ „Bliemelmalerei“ nichts anfangen. „Du wirst nie Maler, Du bleibst ein Schmierer!“ war sein geflügeltes Wort über den missratenen Lehrling. Und dass Otto Dix abstehende Ohren hatte, führte er später darauf zurück, dass der Krauter ihn regelmäßig daran gezogen hatte. Aber einen Ausspruch seines Meisters hat Dix zeit seines Lebens beherzigt: „Auf den Arsch setzen und malen, und wenn der Kaiser kommt.“
Trotz allem konnte Otto Dix dank eines Stipendiums seines Landesherrn Heinrich XIV. Fürst Reuß j. L. an der Dresdner Kunstgewerbeschule studieren. Nach Beginn des Ersten Weltkriegs wurde Otto Dix, er war Anfang 20, als Ersatzreservist einge-

Künstler, Humanist, Ehrenbürger von Gera: Otto Dix.

zogen und meldete sich freiwillig zum Frontdienst. Er ist einer der wenigen Künstler, die diesen Krieg praktisch von Anfang bis Ende miterlebt und dokumentiert haben. Unzählige Postkarten hat er gezeichnet und nach Hause geschickt. Viele davon sind in Gera ausgestellt und zeigen Otto Dix' Kriegserlebnisse zwischen Langeweile und Schrecken ungeschönt in Schwarz-Weiß.
Noch Jahre später, als etablierter Künstler, hat er den Krieg in seinen Werken verarbeitet. Und wer ihn fragte, mit welcher Ab-

sicht er ein Kriegsbild nach dem anderen geschaffen hatte, bekam eine direkte Antwort: „Loshaben wollte ich's!" Dreimal dürfen Sie raten, ob er damit das Bild oder seine Erfahrungen meinte …
Nach dem Krieg studierte Otto Dix an der Dresdner und an der Düsseldorfer Kunstakademie. Er versuchte als Künstler zu überleben. Ihm fehlte es zwar oft an Aufträgen, aber nicht an Selbstbewusstsein, wie zwei Aussprüche zeigen:
„Ich werde mich an den Sünden und Tugenden meiner Vorfahren rächen."
„Ich kumm uff keinen grienen Zweich; meine Malereien sind unverkäuflich! Entweder, ich werde berühmt oder berüchtigt."
Tatsächlich wurde er berühmt, in Berlin gelang der Durchbruch Mitte der 1920er Jahre. Es folgten Einzelausstellungen und Schriften über sein Werk. Er wurde sogar als Professor an die Kunstakademie Dresden berufen. Seine Familie und seine Kollegen in Gera besuchte Dix regelmäßig. Er wurde auch Mitglied der „pro-pro-bru". Das war eine spätdadaistische Vereinigung in Gera, der etliche lokale Größen aus Kunst und Wissenschaft (Rudolf Hundt, Alexander Wolfgang, …) angehörten – oder vielleicht auch nur ein Intellektuellen-Stammtisch. „pro-pro-bru" steht jedenfalls für „Prominente produktive Brummochsen".
Allerdings konnten die Nazis mit seiner Kunst so wenig anfangen wie Otto Dix mit deren Weltanschauung. Als einer der ersten Dozenten wurde er 1933 seines Amtes enthoben. Im selben Jahr wurden seine Werke als „Entartete Kunst" ausgestellt. „Lebt denn das Schwein immer noch?", fragte der sächsische Reichskommissar im April 1933. Heute wissen wir, dass Otto Dix den Nationalsozialismus um 24 Jahre überlebte. Nach dem Krieg äußerte er sich dazu: „Ich bin durch meine Bilder beim Spießer unbeliebt genug, und der größte Ärger der Nazis war, dass man mir das Talent nicht absprechen konnte."

Dix ging in die innere Emigration, verzog an den Bodensee und lebte zurückgezogen von Auftragsarbeiten. Gegen Ende des Zweiten Weltkriegs wurde er zum Volkssturm eingezogen und geriet in französische Kriegsgefangenschaft, wo er sogar künstlerisch tätig sein konnte. Nach Kriegsende durfte man Dix-Bilder wieder ausstellen, was vielerorts passierte. In Gera plante man 1947 eine Ausstellung „Geraer Maler stellen zur Diskussion". Dix, dessen Bilder dabei waren, protestierte brieflich: „Ich stelle meine Arbeiten nicht zur Diskussion, sondern zur Betrachtung, und dazu gehört, dass man nicht redet." Und prompt fand die Ausstellung unter dem Titel „Geraer Maler stellen zur Schau" statt.

Nach Gründung der beiden deutschen Staaten schätzte man Otto Dix auf beiden Seiten des Eisernen Vorhangs. In der DDR hätte man den Künstler gerne für den Klassenkampf vereinnahmt, schließlich waren seine Eltern Sozialdemokraten gewesen. Aber das hat Dix nie mit sich machen lassen: „Nein, ich schloss mich keinem politischen Programm an, ertrug wahrscheinlich diese Phrasen nicht. Wenn die nur kamen und uns etwas erzählen wollten, war es schon aus bei mir. Ich wollte mich nicht einspannen lassen", heißt es in einem Interview von 1965. In den 1920ern hatte er das direkter formuliert, als man versuchte, ihn für die KPD anzuwerben: „… lassen Sie mich mit Ihrer dämlichen Politik in Ruhe, ich gehe lieber in den Puff."

1966 erhielt er die Ehrenbürgerwürde der Stadt Gera. Zum Festmahl gab es – auf Dix' ausdrücklichen Wunsch hin – Gänsebraten mit den obligatorischen Klößen. Während der Feierlichkeiten fragte er ganz unverblümt: „Gibt's denn die alte Töppergasse noch?" Das darauffolgende betretene Schweigen versteht nur, wer weiß, dass die Töpfergasse das Rotlichtviertel der Stadt Gera war. Zu DDR-Zeiten war die Prostitution ja verboten – offiziell jedenfalls.

Die Tage zuvor hatte Otto Dix bei seiner Schwester in Gera verbracht. Dort wurde er von Mitarbeitern der „Aktuellen Kamera" vom Deutschen Fernsehfunk (später Fernsehen der DDR) besucht und interviewt. Gleich zu Beginn versuchte er die Situation aufzulockern – „Ach, jetzt kommt die Tagesschau!" – und erreichte das Gegenteil. Verlegen, bescheiden und fast verzweifelt berichtigten die Fernsehjournalisten die Bemerkung und stellten ihre vorgefertigten Fragen.

In Düsseldorf heiratete Otto Dix 1923 Martha gesch. Koch geb. Lindner, die drei Kinder von ihm bekam. Mit dieser Familie lebte er am Bodensee. In Dresden brachte Käthe König, die sein Modell und seit 1927 seine Geliebte war, 1939 ein Kind von Otto Dix zur Welt. Diese Familie besuchte er, sooft es ging. Sein Dresdner Atelier hatte er trotz Nationalsozialismus, Weltkrieg und deutscher Teilung beibehalten.

Für Otto Dix spielten Prostituierte eine große Rolle – im Werk und im Leben. Bereits im Ersten Weltkrieg gehörten sie zu seinen Modellen und er bis in die späten Jahre zu ihrer Kundschaft. In der jüngeren Forschung wurde angesichts dieses Liebeslebens – Mann zweier Frauen und regelmäßig als Freier in verschiedenen Bordellen – die Vermutung laut, Otto Dix sei krankhaft sexsüchtig gewesen. Was ja nicht von der Hand zu weisen ist. Seinem Werk tut das keinen Abbruch. Otto Dix wird weltweit weiter geschätzt, erforscht und ausgestellt. Seinen Anfang aber nahm er in Gera.

Ein Weihnachtswunder

Eigentlich ist er ein ganz normaler Mensch aus Gera. Anfang vierzig, Familienvater, die Woche über als Maler und Lackierer unterwegs. Am Wochenende arbeitet er als Wachmann auf verschiedenen Veranstaltungen, in verschiedenen Einrichtungen. Die abwechslungsreiche Arbeit macht ihm Spaß. Am 24. Dezember 2023 ist er im Geraer Übergangswohnheim der Thüringer Suchthilfe eingesetzt, Nachtschicht ab halb zehn. Zunächst ist es sehr ruhig. Drei Frauen wohnen derzeit hier.

Bald nach Dienstbeginn bringen Polizisten eine psychisch Kranke ins Wohnheim. Sie leidet an Schizophrenie. Der Wachmann bietet ihr etwas zu essen an, kontrolliert sie auf Drogen, zeigt ihr ihre Unterkunft und erledigt den Papierkram. Alles wie immer. Am selben Abend kommt eine andere Bewohnerin zu ihm ins Büro. Sie ist seit ein paar Wochen im Wohnheim. Starke Bauchschmerzen habe sie, sagt sie, es gehe ihr nicht gut. Er bringt sie nach oben ins Bett und ruft den ärztlichen Notdienst. Auf eine längere Wartezeit richtet er sich ein; schließlich ist Heiligabend, da ist immer irgendwas los.

Kurz nach eins aber stürmt der Neuzugang ins Büro des Wachmanns: „Hilfe! Sie ist auf der Toilette und schreit!“ Gemeint ist die Frau mit den Bauchschmerzen. So schnell er kann, rennt der Wachmann in die Frauenabteilung, öffnet die Badezimmertür und sieht sie mit Beinen voller Blut dastehen. „Hat die sich beim Rasieren geschnitten?“, geht es ihm durch den Kopf. Dann Panik: Kopfüber hängt ein Baby über der Toilette, blau angelaufen, anscheinend leblos. Es gibt Momente im Leben, da reagiert der Körper schneller, als der Kopf denken kann. Der Wachmann setzt einen Notruf ab und untersucht das Kind gleichzeitig auf Lebenszeichen, Nichts! Er hüllt das Neugeborene in seine Jacke, drückt vorsichtig auf den Bauch, bewegt ebenso vorsichtig den kleinen Kopf und endlich kommt der befreiende Schrei aus dem Mund des Kindes. Es lebt, es lebt wirklich! Als kurz darauf die Notärztin eintrifft, stellt sich heraus, dass sie Frauenärztin ist. Sie übernimmt die weitere Behandlung von Mutter und Kind und bringt beide ins Krankenhaus.

Das Kind ist übrigens ein Junge, der den Namen Angelo bekam. Er hat seine abenteuerliche Geburt unbeschadet überstanden, wurde adoptiert und wächst in einer Pflegefamilie auf. Seine leibliche Mutter wusste übrigens gar nicht, dass sie schwanger war, und deshalb ahnten auch die Mitarbeiter des Wohnheims nichts davon.

Der Wachmann wurde für sein beherztes Handeln vom Oberbürgermeister mit der Ehrenurkunde der Stadt Gera ausgezeichnet. Und obwohl er nach seiner Heldentat unter Alpträumen zu leiden hatte, würde es dasselbe ganz gewiss wieder tun.

Das Übergangswohnheim, in dem Weihnachten 2023 ein Wunder geschah.

Vom Fürstlichen Hoftheater zum Großen Haus

Theater gibt es in Gera eigentlich immer und immer wieder – im wörtlichen wie im übertragenen Sinn. Bis heute bekannt sind die Aufführungen der Schüler vom Gymnasium Rutheneum im 17. und 18. Jahrhundert. Man spielte damals lateinische Komödien, die trotz der Originalsprache gut besucht waren. Zwar verstand nicht mal die Hälfte des Publikums den Text, aber alle hatten ihren Spaß. Kunst scheitert eben nicht an Sprachgrenzen.
Im 18. Jahrhundert errichtete man ein Theatergebäude, in dem bekannte Künstlergesellschaften wie die von Samuel Meddox oder von Albert Lortzing Erfolge feierten.
Das heutige Theater von Gera – heute „Großes Haus“, ursprünglich „Fürstliches Hoftheater“ genannt – wurde 1902 im Jugendstil errichtet und eingeweiht. Finanziert wurde es vor allem aus Mitteln des reußischen Fürstenhauses. Trotzdem öffnet es seinen Haupteingang nicht in Richtung Schloss, sondern in Richtung Stadt, auf dass die Gerschen von der Kunst nicht unbeleckt bleiben. Eigentlich sollte es aus Sandstein gebaut werden. Der war dem Fürsten allerdings zu teuer. Und so sorgte man dafür, dass der Außenputz wenigstens die Farbe des Sandsteins hatte. Ganz oben thront ein weiblicher Genius, der dem Publikum einen Spiegel entgegenhält. Weiter unten sieht man die Büsten zweier Dichterfürsten. Zu DDR-Zeiten war Lothar Göpfert Ausstattungsleiter am Großen Haus und wurde eines Tages gefragt, wo er seine Räumlichkeiten hat. Er antwortete: „Wenn ich aus meinem Fenster gucke, bewundert ihr auf einer Ebene drei: Schiller, Göpfert und Goethe!“
In den 1960er- und 1970er-Jahren wurde das Theater innen und außen umgestaltet. Der Legende nach hatte der Staatsratsvor-

sitzende – Walter Ulbricht, nach anderen Erich Honecker – auf einer Reise durch die Sowjetunion ein Theater in Grün und Weiß gesehen und wollte so etwas auch in seiner DDR haben. Und so bekam das Große Haus den grün-weißen Anstrich, den es bis zur Sanierung 2006 behielt. Irgendwann hatte man sich daran gewöhnt.

Innen wurde es noch schlimmer. Pfeif auf den Jugendstil, pfeif auf die Akustik, pfeif auf den guten Geschmack! Im Zuschauerraum wurde eine Zwischendecke eingezogen, die stark an einen Lattenrost erinnerte. Der damit beauftragte Brigadier Eisenbeiß flehte seine Kollegen an: „Jungs, mischt Zement und Kies, um der Kunst willen, bitte nicht eins zu eins! Eins zu drei ist noch genug Schinderei für die armen Kerle, die sämtliche Träger wieder raushacken müssen. Und das wird bald sein.“ Als Walter Ulbricht die fertige Zwischendecke sah, fragte er allen Ernstes den Minister für Landwirtschaft, ob die Lattenroste stabil genug befestigt seien, um genügend Heu darauf trocknen zu können.

Das Große Haus, errichtet 1902 als Fürstliches Hoftheater.

Es erübrigt sich zu sagen, dass Brigadier Eisenbeiß recht hatte. Viel eher, als mancher vermutet hätte, wurde die Zwischendecke entfernt.
Durch derartige Eskapaden haben sich die Gerschen allerdings nicht die Lust am Theaterbesuch nehmen lassen. Es wurden Stücke für Groß und Klein aufgeführt. Unter Letzteren erfreuten sich die Märchen besonderer Beliebtheit. Eines Tages spielte man „Frau Holle". Die Titelfigur (gespielt von Johanna Möschke) erzählte von der Marie, die ordentlich ihre Arbeit getan hat, die pünktlich, fleißig und hilfsbereit war und die zum Dank zur Goldmarie wurde. Ihre Schwester ist jetzt bei Frau Holle im Dienst, hat mit der Marie aber nur den Namen gemeinsam. Sie verschläft jeden Morgen, räumt nicht auf, vergisst die Betten zu machen, ... Und plötzlich ruft aus dem Zuschauerraum eine erboste Kinderstimme in schönstem Gersch: „Die alte faule Sau!" Man muss schon eine große Schauspielerin sein, um da nicht gleich laut loszulachen.
Am 7. und 8. Juni 1981 fand in Gera das traditionelle Pfingsttreffen der DDR-Jugendorganisation FDJ statt. Die Stadt wimmelte von Blauhemden, junge Leute überall. Wie in fast allen öffentlichen Gebäuden fanden auch im Großen Haus FDJ-Veranstaltungen statt. Störend waren zwei Schilder, die immer am Theatereingang standen und auf die kommenden Aufführungen hinwiesen. Da war zu lesen:

Vorstellung heute: „Viel Lärm um nichts"

Vorstellung morgen: „Das gewöhnliche Wunder"

Die Stasi reagierte überraschend spät und drängte darauf, die Schilder zu entfernen.
Mitte der 2000er-Jahre wurde das Theater nach den Vorgaben des Denkmalschutzes restauriert und modernisiert und erhielt seine ursprüngliche Sandsteinfarbe zurück. Heute ist das Große

Haus Teil des Theaters Altenburg Gera, des einzigen Fünfspartentheaters in Thüringen. Gersche und Gäste besuchen die Vorstellungen in den Sparten Schauspiel, Puppentheater, Musiktheater, Ballett und Konzert. Der integrierte Konzertsaal war bereits zur Erbauung des Hauses eine Besonderheit. Und wer darin nicht wenigstens einmal in seinem Leben zum Jahreswechsel Beethovens Neunte erlebt hat, der hat durchaus was verpasst.

Feste feiern

Selten ist der Mensch so erfinderisch, wie wenn es darum geht, einen Grund zum Feiern zu finden. Auch wenn das Sprichwort noch nicht allgemein bekannt ist, ist es doch wahr. Und bei uns wird eigentlich schon immer und immer wieder gefeiert. Wie in allen Städten und Dörfern hierzulande waren bis ins 20. Jahrhundert hinein auch in Gera und Umgebung Schützenfest und Kirmes bedeutende Höhepunkte im Festkalender. Beide fanden allerdings nach den Weltkriegen ein jähes Ende: Das Schützenfest war in der Weimarer Republik zu kriegerisch und die Kirmes (= Kirchweih) in der DDR zu kirchlich.
Das Schützenfest 1873 ist vielen alten Gerschen lange in Erinnerung geblieben, denn da gab es einen ganz besonderen Festbesucher. Kurz zuvor war in den Zeitungen zu lesen, dass der Schah von Persien, Nasreddin, mit dem deutschen Kaiser Wilhelm II. in Berlin einen „Freundschafts-, Handels- und Schifffahrts-Vertrag“ geschlossen hatte. Nicht lange danach kommt am Bahnhof in Köstritz (heute Bad Köstritz) eine prächtige Kutsche an, aus der drei vornehm orientalisch gekleidete Gestalten aussteigen: lange dunkle Bärte, spitze Pelzmützen, Kaftane aus

unbekanntem Stoff sowie unzählige Orden und Ehrenzeichen. In Windeseile verbreitet sich das Gerücht in der Kleinstadt: Der Schah von Persien ist inkognito in Köstritz! Menschenmassen strömen zum Bahnhof und beobachten den Herrscher beim Kaffeetrinken. Einer seiner Begleiter redet auf den Schalterbeamten ein: „Trois billets, brschuhaha, Effendim, s'il vous plait – nach Rrrresidenz!" Verstanden oder erraten? Egal! Er bekommt drei Fahrkarten, und in Begleitung von etwa halb Köstritz besteigen der Schah und seine Begleiter den Personenzug nach Gera.

Das Gerücht ist aber schneller als jede Eisenbahn. Am Geraer Bahnhof der preußischen Staatsbahn (jetzt Hauptbahnhof) steht die Schützenkompagnie der Stadt bereit und begrüßt den hohen Gast mit präsentiertem Gewehr. Orientalisch würdevoll beantwortet der Schah den Gruß und besteigt die bereitstehende Galakutsche. In Begleitung reitender Schützenoffiziere und einer immer größer werdenden Menge an Fußgängern setzt sich die Kutsche in Bewegung. Es geht durch die Innenstadt dem Schützenplatz zu.

Das Volksfest samt Vogelschießen ist dort in vollem Gange. Der Schah hat seine Kutsche bereits verlassen, begutachtet die Stände und bleibt beim Fleischer stehen. Da greift er in die Mulde, nimmt ein Stück dampfendes Wellfleisch (vom Schwein!) heraus und beißt herzhaft hinein. Die Gerschen sind begeistert. Und als er mehr mit Gesten als mit Worten Bier für sich und seine Begleiter bestellt, hat er die Herzen der Anwesenden vollends gewonnen. Kurz darauf jedoch möchte man seinen Ohren nicht trauen. Denn in unverfälschten Gersch preist er eine hiesige Brauerei: „Nu gabt uns nor noch e paar Deppe Tinzer Pilsner har, dos is un blabt doch 's enzich Wahre." Schnell entfernt der Schah seinen falschen Bart und entpuppt sich als der allbekannte Gastwirt Hauser in Begleitung von Jahn und Hammer, zweier ebenso einheimischer Freunde.

Natürlich haben alle schon vorher gewusst, dass der Schah nicht echt war. Und praktisch jeder ist mit der Menge nur mitgelaufen, um den Spaß nicht zu verderben. Aber noch lange danach wurden die Gerschen von Einwohnern der Umgegend mit dem falschen persischen Herrscher aufgezogen – wer den „Schah" hat, braucht für den Spott nicht zu sorgen ...

Im Herbst jedes Jahres wurde einst in fast jedem Dorf rund um Gera die Kirmes oder Kirchweih gefeiert. Vor der Reformation lag der Termin dafür auf dem Namenstag des Patrons der jeweiligen Kirche. Nach 1533 gerieten diese Heiligen mehr und mehr in Vergessenheit. Man feierte die Kirmes meist irgendwann im Herbst und verlegte ihren Ursprung in der Geschichte immer weiter zurück bis in die biblische Zeit. Und mithilfe von Sagen konnte man ja alles erklären. So war es verwunderlich, dass in Mörsdorf (gut 20 km westlich von Gera) niemals Kirchweih gefeiert wurde, obwohl es doch wie alle vergleichbaren Orte eine Kirche besitzt. Frau Sage erzählt uns, dass Zachäus (der aus dem Lukasevangelium bekannte Zollpächter von kleinem Wuchs) in etlichen Dörfern Ostthüringens die Kirmes gestiftet hatte. Er war schon auf dem Weg nach Mörsdorf, wo er dasselbe vorhatte, als er von einem hohen Felsen stürzte. Er überlebte den Sturz zwar, brach sich aber ein Bein und verlor – was noch viel schlimmer war – alle seine Akten. So kam er also nie in Mörsdorf an und bis auf den heutigen Tag gab dort es nie eine Kirchweihfeier.

In der Stadt Gera selbst war das Feiern von Kirmes oder Kirchweih ebenfalls nicht üblich, was vielfach bedauert wurde. In den 1890ern wollte man Abhilfe schaffen. Eine feuchtfröhliche Herrenrunde kam auf dem Ferberturm zusammen und machte dem „Kriegs Guttlieb" einen entsprechenden Vorschlag. Gottlieb Krieg (so hieß er tatsächlich) war der Gastwirt oder vielmehr der „Kastellan" des Ferberturms, seit dieser im Jahre 1875 der

Der Ferberturm ist bis heute ein beliebtes Ausflugsziel und bietet einen schönen Ausblick.

Stadt gestiftet worden war. Zusammen mit seiner Frau „Gettel" betrieb er die Gastwirtschaft. Obwohl die Karte selten mehr bot als Bier mit Schnaps und Brot mit Käse, konnten sie sich über mangelnden Zulauf nicht beklagen. Beide waren nämlich seinerzeit als Originale stadtbekannt – er für seinen Humor und seine Grobheit, sie für ihr hexenartiges Äußeres und ihre durchweg schlechte Laune, die sich aber schnell besserte, wenn man ihr einen Pfefferminzlikör spendierte. Wer nur einen Abend bei den Kriegs verbrachte, vergaß sie sicher nicht so schnell.
An einem solchen Abend (es war ein Dienstag) schlug man dem Kriegs Guttlieb also vor, er sollte doch auch mal eine Kirmes ausrichten. Er war dem nicht abgeneigt und wollte eine Nacht darüber schlafen.

Am nächsten Morgen fiel ihm fast seine Pfeife aus dem Mund, als er in der Lokalzeitung folgendes Gedicht vorfand:

„Zu meiner Kirmes, Mittwoch heut,
kommt, Freunde, ja alle zu mir.
Der Winter naht, und es wird Zeit,
daß alle wird mein Bier.
Es gibt Kaffee und guten Kuchen,
auch Schöpsenbraten und grünen Kloß.
Eine bessere Köchin muß man suchen,
Meine Gettel ist darin groß!
Darum ladet, Freunde, euch alle ein:
Gottlieb Krieg mit seinem Gettelein!“

‚Die wulln mich blomiern, die Hunne! Dän'n versalzn m'rsch!', dachte er bei sich und besann sich nicht lange. Die Gettel alarmierte ihre Freundinnen, und die legten los: Eine große Schöpsenkeule wurde gekauft, die obligatorischen grünen Klöße gemacht, zwei Sorten Kuchen gebacken und der Ferberturm festlich geschmückt.

Der Gastraum des Ferberturms füllte sich am Abend zusehends. Der Kriegs Guttlieb tat, als wäre nichts geschehen und servierte das Festessen. Die Schöpsenkeule wurde alle, die Klöße wurden alle, das Bier wurde alle – aber leider nicht der Kuchen. Alle Gäste waren nämlich männlich und ihr Appetit mehr aufs Herzhafte gerichtet. Gottlieb wusste sich zu helfen, nahm einen großen Knüppel und bezog Posten am Ausgang: „Mit dan Knippel hier hau 'ch eich, wenn'r nich eierer Alten d'rheeme e poor Stickel Kuchen mitnahmt.“ Das half! Der freundlichen Einladung wurde entsprochen, die Kriegs kamen auf ihre Rechnung und von der Kirmes auf dem Ferberturm wurde noch lange Zeit erzählt.

Seitdem ist viel Wasser die Elster hinabgeflossen, aber gefeiert wird in Gera nach wie vor gern. Vielleicht nicht mehr Kirmes und Schützenfest, aber kurz vor Ostern die Ostereiertage, im Frühjahr

die Kneipennacht, Ende April das Hofwiesenparkfest mit Lichternacht, später der Autofrühling und die Gärtnermarkttage, im Mai der Töpfermarkt, im Juni das Deutsche Kinder-Medien-Festival „Goldener Spatz“, am längsten Tag des Jahres die Fête de la Musique, im August die Museumsnacht und der Bauhaus-Tag, Anfang Oktober das Höhlerfest und im Advent der Märchenmarkt.
Geschätzte Leserin, geneigter Leser, ich weiß genau, was Sie jetzt denken: Ja, auch wenn man es nicht meinen sollte, in Gera wird trotzdem an den meisten Tagen im Jahr gearbeitet. Aber feiern soll man ja die Feste, wie sie fallen, und davon verstehen wir was.

Uff de Buga!

Manchmal lohnt es sich, an guten Ideen festzuhalten, selbst wenn alle meinen, das wird sowieso nichts. Als in den späten 1990ern geplant wurde, die Bundesgartenschau 2007 in Gera und im benachbarten Ronneburg stattfinden zu lassen, war das Gemecker groß. Das wird sowieso nichts! Nur Baustellen und Dreck und Lärm und Umleitungen! Es ist alles viel zu teuer! Für Gartenbau interessiert sich hier sowieso keiner! Die Anwohner sollten aber wenigstens jeder eine kostenlose Dauerkarte bekommen! Aber seltsam, je näher die BUGA kam, desto leiser wurde gemeckert. Am Ende war es sogar ein Erfolg. Anderthalb Millionen Besucher sorgten dafür, dass die Bundesgartenschau 2007 eben doch kein Verlustgeschäft wurde.
Überhaupt war es eine ganz besondere BUGA, die erste in Thüringen, die erste in zwei verschiedenen Städten und die erste mit drei verschiedenen Ausrichtern (Stadt Gera, Stadt Ronneburg und Landkreis Greiz). In Ronneburg hatte man die Mondland-

schaft der Wismut (vom Uranerzbergbau zu DDR-Zeiten) in eine „Neue Landschaft“ verwandelt, mit Wanderwegen, Terrassen und dem „Drachenschwanz“, der längsten Holzbrücke Europas.

In Gera hatte man auf den ehemaligen Hofwiesen des Fürstenhauses verschiedene Fabrikgebäude, eine Plattenbauschule und leider auch das seit 1924 bestehende Schwimmbad weggerissen und nahe der Stadtmitte das Ausstellungszentrum „Hofwiesenpark“ geschaffen. Und das war nicht alles, fast die ganze Stadt war im Baufieber. Eine neue Straßenbahnlinie wurde geschaffen, die seitdem die Stadtteile Zwötzen im Süden und Untermhaus (Nähe Hofwiesenpark) im Norden verbindet. Alte Ger-

Plakat zur Bundesgartenschau 2007 in Gera und Ronneburg.

sche erinnern sich daran, dass beide Stadtteile zwischen 1925 und 1968 durch die Bahn verbunden waren. Danach hatte man sie durch Busse ersetzt, die Umwelt war damals Nebensache. Nun aber war alles anders: praktischere Streckenführung, leisere Gleise und Bahnen sowie auf weite Strecken ein eigenes Rasengleisbett, auf dem man elegant am Stau vorbeifahren kann.
Der Küchengarten und das Theater wurden nach den Vorgaben des Denkmalschutzes neu gestaltet, die Infrastruktur wurde besser an die Bedürfnisse angepasst, und das Ende vom Lied ist, dass heute wirklich keiner mehr über die BUGA meckert. Ganz im Gegenteil, in Gera ist sie sogar als Ort in die Sprache aufgenommen worden. Und so ist folgender Dialog hier und heute ganz alltäglich: „Wo machst'n hin?" – „Uff de BUGA." Dass damit der Hofwiesenpark gemeint ist, versteht sich von selbst. Er ist aber auch heute noch sehr sehenswert.
Weder das Ende der BUGA 2007 noch das Hochwasser 2013 noch randalierende Dummköpfe konnten dem Park langfristig etwas anhaben, der von Menschen mit Behinderung richtig gut in Schuss gehalten wird.
Auf den ersten Blick erstaunlich erscheint es so, dass es den BUGA-Förderverein nach wie vor gibt. Normalerweise werden derartige Vereine ein paar Jahre vor einer BUGA gegründet, setzen sich mit allen Kräften für die Ausstellung ein und lösen sich auf, sobald die BUGA Geschichte ist. Bei uns ist das anders. Der hiesige Verein heißt im schönsten Amtsdeutsch „Verein zur nachhaltigen Förderung der Idee der Bundesgartenschau Gera-Ronneburg 2007 e.V." und wird seit einem Vierteljahrhundert diesem Namen gerecht. Das gab es vorher noch nie. Und dass heute zum Beispiel der Schlossgarten vom Osterstein neu gestaltet ist, dass es jedes Jahr einen Tag der offenen Gärten gibt und zu jedem Hofwiesenparkfest eine Lichternacht, das wäre ohne den Verein nicht denkbar.

Natürlich ist eine Bundesgartenschau eigentlich nichts Besonderes, schließlich findet sie seit 1951 praktisch jedes zweite Jahr statt. Aber fragen Sie in den Ausrichterstädten nach, und Sie werden merken, dass jeweils gerade diese Gartenschau etwas ganz Einzigartiges für Stadt und Land gewesen ist. Und die beste von allen war natürlich die BUGA 2007.

Ein Held und sein Löwe

Was ist in Gera größer als in Bern und in Budweis? Der Simsonbrunnen! Mitten auf dem Marktplatz steht er seit 1686 und spendet sprudelnd Wasser. In der benachbarten Brotbank wurden einst kleine Hellersemmeln feilgehalten, weshalb man früher sagte: „Auf dem Markt zu Gera kann man für einen Heller – also für einen halben Pfennig – sich laben durch Speise und Trank.“ So verfressen wie man die Gerschen kennt, kann das „Laben“ nur ironisch gemeint gewesen sein.

Der Simson ist ein sagenhafter Held, vergleichbar dem antiken Herakles oder dem mittelalterlichen Siegfried. Er hat seinen Ursprung im Alten Testament, im Buch der Richter (Kapitel 13–16), in dem er als stärkster Mann seines Landes und seiner Zeit beschrieben – ein hebräisch-jüdischer Volksheld, wie er im Buche steht. Unter Christen gilt Simson als Sinnbild für Gottvertrauen und für Stärke, Grund genug, ihm ein Denkmal mit Springbrunnen zu setzen. Dargestellt ist er übrigens, wie andernorts, im Kampf mit dem Löwen.

In den 1920ern hatten ein paar Pfadfinder mit den im Rathaus postierten Polizisten eine Wette abgeschlossen: Sie wollten versuchen, dem Simson in der Nacht vor dem Markttag einen Zylinderhut mit roter Schleife aufzusetzen. Der Einsatz waren neue

Fensterläden fürs Pfadfinder-Landheim gegen einen Kasten Bier. Natürlich stand mit Einbruch der Dunkelheit ein Doppelposten vor dem Brunnen, als sich plötzlich zwei junge Damen näherten. Die Polizisten erwiesen sich als Kavaliere und geleiteten die eine in die Vorstadt Zschochern und die andere in die Gegend der Heinrichstraße. Flugs kamen aus einem Haus am Markt mehrere Pfadfinder mit Leiter, Zylinder und roter Schleife. Nach drei Minuten waren sie verschwunden und der Simson gut „behütet". Bald darauf kehrten die Polizisten zurück und tauschten sich über ihre Damenbekanntschaften aus.

Der Simsonbrunnen auf dem Marktplatz, wie ihn jeder Gersche kennt.

Der Markt war dunkel und der Zylinder schwarz – man konnte ihn gar nicht sehen.
Mit dem dämmernden Morgen kamen die Fischverkäuferinnen zum Markt, hängten wie üblich die gefüllten Körbe ins Brunnenwasser und bauten ihre Stände auf. Mit Sonnenaufgang war der Zylinder gut zu sehen. Das gab ein lautes Gelächter in der ganzen Stadt, zumal die Marktfrauen den Brunnen bewachten und die Polizisten bis zum Mittag daran hinderten, den Hut zu entfernen. Ach ja, dass in den Kleidern der beiden hilfreichen nachtaktiven Damen zwei Pfadfinderjungs steckten, braucht man wohl nicht extra zu erwähnen, oder?
Aber auch an einem so starken Mann wie unserem Simson nagt der Zahn der Zeit. Bei einem Wintersturm im Jahre 1930 verlor er seinen Kopf. Bald begann man Spenden zu sammeln, um den Simson neu zu errichten. Und trotz Weltwirtschaftskrise und Massenarbeitslosigkeit kam genügend Geld zusammen, 1932 wurde die Neufassung feierlich eingeweiht. So hatte man also (unbewusst) dafür gesorgt, dass der Simsonbrunnen kurz vor Machtantritt der Nationalsozialisten in Deutschland wieder gut dastand. Man stelle sich das vor: Unmengen braun uniformierter Hakenkreuzler versammeln sich auf Geras Marktplatz. Aber der, der sie um Manneslänge überragt, ist ein jüdischer Volksheld!
Auch zu DDR-Zeiten blieb der Simson trotz seines biblischen Ursprungs erhalten. Ende der 1970er war er – vor allem durch Abgase und Luftverschmutzung – so verwittert, dass eine weitere Neufassung errichtet wurde. Das ging natürlich nicht, ohne im Sockel auf den 30. Jahrestag der DDR hinzuweisen. Eine umlaufende Inschrift gibt einen Zweizeiler wieder, der an der Erstfassung zu lesen war:

Ein SIMS von Felsen ist mein Thron.
Nun sprecht, was bin ich für ein 'SON?

Dieser Vers mag dazu beigetragen haben, dass heute praktisch jeder in der Stadt seinen Namen kennt, selbst wenn seine alttestamentliche Herkunft den wenigsten Gerschen bewusst ist. Dass Simson einen männlichen Löwen besiegt, erkennt man von Norden aus an der Mähne und von Süden her an den Genitalien. Um 2009 gab es in Gera einen Pfarrer, der weit über die Grenzen seiner Gemeinde hinaus bekannt war wie ein bunter Hund. Eines Abends soll er in einer Kneipe angekündigt haben, „dem Simson seinem Löwen die Eier zu vergolden". Später musste dieser Pfarrer unter anderem aus gesundheitlichen Gründen seine Stelle räumen. Er verließ die Stadt und geriet bald in Vergessenheit. Ein gutes Dutzend Jahre später aber trauten die Marktbesucher ihren Augen nicht: Simsons Löwe hatte tatsächlich ein vergoldetes Skrotum! Nach einer Woche war der Anstrich entfernt, und die Großkatze sah aus wie immer. Wer aber hinter dem Streich steckte, wurde nie ermittelt …

Reicht dir 'ne halwe Milljon?

Etwa seit der Jahrtausendwende versuchen Betrüger mit dem Enkeltrick, Senioren um ihr Erspartes zu bringen. Das Vorgehen ist bekannt: Aus digitalen Telefonbüchern werden Menschen mit altmodischen Vornamen ausgewählt. Das sind tatsächlich meistens Senioren, deren Gehör oft nicht mehr hundertprozentig funktioniert. Diese werden angerufen und sehr persönlich angeredet: „Rate mal, wer hier spricht!" Automatisch nennt der Angerufene Namen von engen Freunden und Verwandten, Kindern, Enkeln, Neffen, Nichten. Der Betrüger gibt sich als einer der genannten aus und schildert dann ein Problem, das sich nur mit Geld lösen lässt. Über nicht schnell verfolgbare Wege erschleícht sich der Verbrecher schlimmstenfalls die Ersparnisse seines Opfers. Die Polizei warnt regelmäßig und empfiehlt, einfach aufzulegen und den echten Verwandten unter der bekannten Nummer anzurufen. Und wenn tatsächlich einer meiner Verwandten Geld von mir will, soll er sich das bitte selbst persönlich bei mir abholen.

In Gera geschah jüngst Folgendes: Ein paar Tage vor ihrem 93. Geburtstag erhielt Frau W. in ihrem Einfamilienhaus einen Anruf von unbekannter Nummer. Sie lebt allein in ihrer Doppelhaushälfte, ist bekannt und beliebt in der Nachbarschaft. Geistig ist sie bei bester Gesundheit, nur die körperliche Kondition ist nicht mehr die von früher. Ihr Mann, den sie bis zuletzt gepflegt hatte, ist lange verschieden. Kinder hat sie keine, aber ein paar Verwandte, eine Nichte und ein Großneffe zum Beispiel, wohnen in der Nähe und unterstützen sie. Frau W. bekommt also einen Anruf, eine Frauenstimme sagt zu ihr: „Rate mal, wer dran ist!“ – „Nee, ’ch hab keene Lust uff Rädsl!“ – Schweigen, dann: „Hier

In dieser Siedlung im Stadtteil Gera-Zwötzen wohnt Frau W. seit vielen Jahren.

ist deine Tochter!“ – „Su, meine Dochder! Welche denn, de kleene uder de gruße?“ Und so geht das Telefongespräch weiter. Man merkt schon bald, dass die Anruferin ins Schwitzen kommt. Irgendwann erbarmt sich Frau W. und fragt direkt: „Du rufst doch bestimmt wechen Geld an. Reicht dir ’ne halwe Milljon, oder soll’s ’ne ganze sein?“ Das ist der Betrügerin wohl im ganzen Leben noch nicht passiert. Sie hört auf, sie gibt auf, sie legt auf. Natürlich kennt Frau W. ihre Bürgerpflicht. Sie ruft kurz danach die Polizei an und schildert den Vorfall. Der Polizist am anderen Ende der Leitung hört aufmerksam zu, kann aber irgendwann das Lachen nicht mehr halten: „Frau W., Sie haben meinen Tag gerettet! So etwas Komisches habe ich noch nie gehört.“ Recht hat der Mann! Und wer mit Anfang neunzig noch so schlagfertig ist wie Frau W., der kann nur froh und dankbar sein.

Stoff für Mekka

Spätestens seit den Gründerjahren und bis weit ins 20. Jahrhundert hinein war Gera als aufstrebende Industriestadt bekannt. Die meisten Fabriken und Betriebe stehen heute nicht mehr, aber die zahlreichen Villen der Fabrikanten erinnern an diesen Teil der städtischen Geschichte.
Einer der größten Arbeitgeber im Vorort Gera-Zwötzen war Anfang des 20. Jahrhunderts die Weberei Schulenburg & Bessler. Dass der Name Schulenburg auch im Gera des 21. Jahrhunderts noch bekannt ist, hängt ebenfalls mit dem „Haus Schulenburg“ zusammen. Der Firmeninhaber Paul Schulenburg (1871–1937) war der Bauherr und Besitzer dieser von Thilo Schoder konzipierten Villa, die inzwischen ein sehr sehenswertes priva-

Die Kaaba in Mekka während der Großen Wallfahrt 1931.

tes Museum beherbergt. Von dem bekannten Architekten Thilo Schoder stammten auch die Pläne, nach denen die Fabrikgebäude von Schulenburg & Bessler 1925/26 umgebaut und erweitert wurden. Das „Thilo-Schoder-Zimmer" darin erinnert noch heute daran.

Weit weniger bekannt ist, dass 1931 bei Schulenburg & Bessler in Gera-Zwötzen ein Tuch gewebt wurde, mit dem die Kaaba in Mekka eingehüllt wurde. Eine der heiligsten Städte des Islam ist – wie jeder Karl-May-Leser weiß – das heute saudi-arabische Mekka. Jeder Moslem ist angehalten, einmal im Leben eine Pilgerfahrt dorthin zu machen. Mitten in Mekka steht die Heilige Moschee und mitten in ihrem Innenhof befindet sich die Kaaba, ein fast würfelförmiges Gebäude, das „Haus Gottes", das zentrale Heiligtum des Islam. Die Kaaba ist in die Kiswa eingehüllt, einen Brokatvorhang, der mit Koranversen in Gold und Silber bestickt ist. Am Ende der großen Wallfahrt wird der Vorhang in kleine Teile zerschnitten und von den Pilgern als Andenken mitgenommen. Deshalb braucht man jährlich einen neuen.

Für die Kiswa, die die Kaaba 1931 einhüllen sollte, erhielt die Weberei Schulenburg & Bessler in Gera-Zwötzen den Auftrag. Es war wohl das erste Mal, dass dieses heilige Tuch im ungläubigen Europa produziert wurde. Man war in der Stadt sehr stolz darauf, auch wenn ein finanzieller Gewinn damit kaum zu machen war. Die Firma musste sich nämlich extra für diesen Auftrag zwei besondere Jacquardmaschinen anschaffen und miteinander koppeln, um ein Tuch passender Größe zu weben. Und lange Zeit wurde dies und das probiert, bevor der fast zentimeterdicke Stoff aus Naturseide mit den in Gold und Silber eingewebten Koranversen zur allgemeinen Zufriedenheit ausfiel. Dies zeigt zum einen, welche hohe Qualität die Geraer Textilindustrie einst lieferte, und zum anderen, wie wenig Berührungsängste es damals zwischen dem Morgen- und dem Abendland gab.

Die Reußen

Im Dezember 2022 ging ein Name durch die Medien, den vorher nur kannte, wer sich mit der hiesigen Geschichte beschäftigt hat: Reuß. Normalerweise freut man sich bei uns in Gera über jede überregionale Erwähnung dieses Adelsgeschlechts, das mehr als 800 Jahre lang über die Stadt und ihre Umgebung geherrscht hat. Aber Schlagzeilen wie „Prinz Reuß als Reichsbürger entlarvt“, „Gruppe Reuß wollte die Bundesrepublik stürzen“, „Heinrich XIII. Reuß als neuer Regent von Deutschland vorgesehen“ oder „Gruppe Reuß mutmaßlich terroristische Vereinigung“ sind keine positive Werbung. Darauf könnte man gerne verzichten. Den Namen „Gruppe Reuß“ haben sich schlecht informierte Journalisten ausgedacht, die Eigenbezeichnung dieser Vereinigung war immer „Patriotische Union“. Zumal Heinrich XIII. offenbar der Einzige aus der ganzen Familie Reuß ist, der mit diesen Umsturzplänen zu tun hat. Dass er um 2008 den reußischen Familienverband auf eigenen Wunsch verlassen hat, weiß leider kaum jemand, da er weiterhin den Namen Reuß trägt.

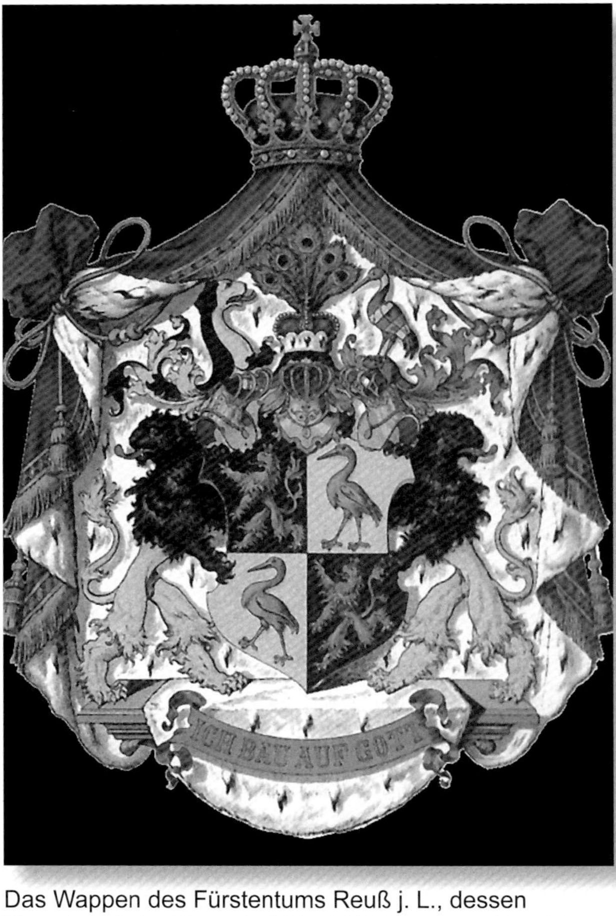

Das Wappen des Fürstentums Reuß j. L., dessen Haupt- und Residenzstadt bis 1918 Gera war. Das Motto „Ich bau auf Gott“ geht auf Heinrich Posthumus zurück.

Dabei gibt es in der vielhundertjährigen Geschichte der Reußen etliche Familienmitglieder, die ganz andere und sehr viel bessere Verdienste haben, die nicht in Vergessenheit geraten sollten. Eine Besonderheit der Familie ist, dass alle männlichen Nachkommen den Vornamen Heinrich tragen. Von Historikern wird dies als „reußische Plage“ angesehen, weil es schwer ist, all die Heinriche auseinanderzuhalten. Erst sehr spät kam man in der Familie auf die Idee, die Heinriche durch offizielle Nummern zu unterscheiden. Mit der Vornamensgebung wollte man übrigens ursprünglich die Treue zum Staufferkaiser Heinrich VI. zum Ausdruck bringen, dem man den Vogtstitel verdankte. (Daher kommt der Ausdruck „Vogtland“.) Der Nachname Reuß kam erst viel später dazu, weil einer der Heinriche eine russische Prinzessin (also eine „Reußin“) zur Frau genommen hatte.
Einer der wichtigsten Herrscher über Gera und Umgebung war Heinrich Posthumus Reuß jüngerer Linie (1572–1635). Seinen Beinamen Posthumus (lat. der Nachgeborene) bekam er, weil sein Vater vor seiner Geburt verstarb. Und das war nicht das einzige Problem: Die Schwangerschaft war voller Komplikationen und lange Zeit sah es so aus, als würde weder Mutter noch Kind überleben. Deshalb fanden in und um Gera unzählige Bittgottesdienste statt. Das half. Mutter und Kind waren nach der Geburt wohlauf und erfreuten sich viele Jahre ihres Lebens. Heinrich Posthumus hat seinem Gera übrigens niemals vergessen, dass ihn die Stadt praktisch „von Gott erbeten“ hatte. Mit seiner Volljährigkeit trat Posthumus die Regierung an und begann die Welt um ihn herum zu verbessern. Nur zwei wichtige Dinge seien genannt: Zum einen vollendete er die 1533 begonnene Reformation, schuf das Konsistorium als Kirchenbehörde und führte die Schulpflicht ein. (Das nimmt ihm so mancher heute noch übel.) Er gründete das Gymna-

sium Rutheneum, in dem man bis heute umfassend auf das Universitätsstudium vorbereitet wird.

Zum anderen kümmerte er sich um die – wie wir heute sagen – Wirtschaftsförderung. Niclas de Smit, ein Zeugmacher und Emigrant aus Flandern, wollte sich seinerzeit in Gera niederlassen. Das passte den hiesigen Tuchmachern natürlich überhaupt nicht, denn de Smits Zeuge waren aus Mischgewebe und daher billiger und robuster als die wollenen Tuche aus Gera. Man

Heinrich Posthumus Reuß j. L. auf einem Gemälde von Johann Dobenecker um 1630.

schwärzte ihn also beim Landesherrn an. Heinrich Posthumus ließ Niclas de Smit zu sich kommen und dieser präsentierte seine Pläne. Posthumus sah in ihm die Zukunft der Stadt und so durfte de Smit bleiben. Eine weise Entscheidung, die hiesige Wirtschaft nahm einen gewaltigen Aufschwung.

Nach seinem Tod wurde Heinrich Posthumus in der Gruft der alten Johanniskirche beigesetzt. Zuvor hatte er – als frommer Lutheraner – die Trauerfeier genauestens geplant. Alle ihm wichtigen Bibel- und Liederverse wurden auf seinem Sarkophag festgehalten. Er ist zum Glück erhalten und gilt heute als Prunkstück protestantischer Begräbniskultur. Zur Trauerfeier erklangen zum allerersten Mal die „Musikalischen Exequien", in denen der große Heinrich Schütz eben diese Bibel- und Gesangbuchverse vertont hatte.

Ebenfalls bedeutend für Gera war Heinrich XVIII. Graf Reuß zu Gera (1677–1735). Er hatte zwei verschiedene Beinamen. Zum einen nannte man ihn „den Lahmen", da er schwer fußleidend war. Er konnte weder Treppen steigen noch weite Reisen machen. So blieb er im Lande und verdiente sich den zweiten Beinamen „der Fundator", also der Gründer, der Grundsteinleger. Ihm verdankt Gera etliche Barockgebäude, die heute zu den Sehenswürdigkeiten der Stadt gehören, wie die Salvatorkirche, die Orangerie oder das Stadtmuseum (ursprünglich Zucht- und Waisenhaus). Außerdem wurden unter Heinrich XVIII. hierzulande erstmals Kartoffeln angebaut, und das tut man bis heute.

„Theaterprinz", „Erbförster", „Prinzi", „Ixelvau" – ein Adliger, der solche despektierlichen Spitznamen bekommt, kann nicht Landesherr sein. Und wirklich war Heinrich XLV. Erbprinz Reuß j. L. (1895 bis verm. 1945) lediglich der Sohn des letzten regierenden reußischen Fürsten, der 1918, wie alle anderen deutschen Monarchen auch, abgedankt hatte. Heinrich XLV. blieb in Gera und machte sich einen Namen als dramaturgischer Leiter des hiesigen Theaters. Er führte in den 1920ern Stücke von Zuckmayer und Brecht auf, an die sich andere nicht herantrauten. Er holte junge schauspielerische Talente nach Gera und sorgte insgesamt dafür, dass das Theater den Ruf einer überregional bedeutenden modernen Spielstätte genoss. Allerdings sympathisierte Heinrich XLV. frühzeitig mit den Nazis und trat 1933 in die NSDAP ein.

Woizlawa Feodora Prinzessin Reuß kurz nach ihrem 100. Geburtstag 2018 in Gera.

Nach Ende des Zweiten Weltkriegs wurde er durch das sowjetische Militär enteignet, verhaftet und vermutlich ins Speziallager Buchenwald verbracht. Seitdem gilt er als verschollen.

Vielen Gerschen heute noch bekannt ist Woizlawa Feodora Prinzessin Reuß geb. Herzogin zu Mecklenburg (1918–2019), die ihren 100. Geburtstag 2018 im Geraer Theater gebührend feierte. Diese hundert Jahre ihres Lebens waren voll der unterschiedlichsten Ereignisse: Mit zwanzig heiratete sie in die reußische Familie hinein. Eine Tochter und fünf Söhne brachte sie zur Welt. Sie wohnte mit ihrer Familie auf Schloss Osterstein, dessen Zerstörung sie bei dem schwersten Bombenangriff auf Gera am 6. April 1945 miterlebte. Im Sommer 1945 verzog die Familie ins hessische Büdingen, wo Woizlawa Feodora, seit 1982 verwitwet, bis 1991 lebte. Nach der Wende kam sie nach Gera zurück und bewohnte eine kleine Wohnung auf Schloss Osterstein. Im Vorort Untermhaus war sie häufig anzutreffen und besuchte sogar die evangelischen Gottesdienste in der dortigen Marienkirche.

Über 20 Jahre hinweg versuchte sie, die Enteignung Heinrich des XLV. rückgängig zu machen. Dies gelang ihr bei manchen Immobilien und bei vielen Kunstgegenständen. Sie erhielt sie zurück und versteigerte sie umgehend. 2004 zog Woizlawa Feodora in den Schwarzwald. Zuvor hatte sie sich der dort ansässigen Sekte Fiat Lux angeschlossen, die die „Wunderheilerin" Uriella gegründet hatte. Teile des ersteigerten Geldes spendete sie an diese Religionsgemeinschaft. Die hohe Besucherzahl zu ihrem 100. Geburtstag zeigt, dass sich viele Gersche selbst ein Jahrhundert nach der Abdankung des letzten Fürsten mit dem Haus Reuß verbunden fühlen. Dass sie aber mit den abstrusen Überzeugungen und Plänen Heinrichs XIII. einverstanden wären, ist stark zu bezweifeln.

Die Ohrfeige aus Gera

An manche Details aus der Kindheit kann man sich im reiferen Alter erinnern, als wären sie gestern gewesen. Bei mir gehört der 13. Oktober 1980 dazu. Es war ein Montag, ich war Schüler der zweiten Klasse, und wir hatten schulfrei! Der Grund war ganz einfach: Erich Honecker kam nach Gera! Komplett frei hatten wir deshalb allerdings nicht, sondern wir mussten Pionierkleidung anziehen und in die Innenstadt fahren. Dort nahmen wir zusammen mit Hunderten von anderen Pionieren und FDJlern in der Breitscheidstraße Aufstellung. Und dann hieß es warten, warten, warten. Irgendwann wurde Erich Honecker tatsächlich in einem glänzenden schwarzen Wagen an uns vorbeigefahren. Für mich war Honecker damals so etwas wie ein Monarch. Und vom Rücksitz des Wagens winkte er uns auch wie ein Monarch zu, nur nicht ganz so souverän. Nach wenigen Sekunden war die Show vorbei.

Erich Honecker spricht am 13. Oktober 1980 in der Erwin-Panndorf-Halle in Gera.

Was ich damals nicht wusste und gewiss nicht verstanden hätte, war, dass Erich Honecker am selben Tag eine Rede hielt, die als „Geraer Forderungen“ in die gesamtdeutsche Geschichte eingehen sollte. An jenem Montag wurde feierlich das Parteilehrjahr 1980/81, die ideologische Schulung für alle SED-Genossen, auf der Parteiaktivtagung des Bezirks Gera eröffnet. Dazu kam der „Generalsekretär des Zentralkomitees der Sozialistischen Einheitspartei Deutschlands und Vorsitzende des Staatsrats der Deutschen Demokratischen Republik“ – so lauteten Honeckers Titel tatsächlich – nach Gera und hielt in der hiesigen Erwin-Panndorf-Halle seine Rede. Obwohl es sich ja um eine innerparteiliche Veranstaltung handelte, war die Rede fast ausschließlich außenpolitisch. Erich Honecker wollte das Bestehen zweier deutscher Staaten zementieren. Der eigentliche Adressat dieser Forderungen war die damalige sozialliberale Bundesregierung unter Bundeskanzler Helmut Schmidt.

Nach Jahren der Entspannung im Kalten Krieg hatte sich der Ost-West-Konflikt mit dem Einmarsch der Sowjets in Afghanistan verschärft. Das Wettrüsten auf beiden Seiten des „Eisernen Vorhangs“ war in vollem Gange. Und da kommt Erich Honecker und stellt vier Forderungen auf:

1. Die Elbgrenze zwischen beiden deutschen Staaten soll die Flussmitte sein und nicht das Ostufer.
2. Die Zentrale Erfassungsstelle der Landesjustizverwaltungen in Salzgitter soll aufgelöst werden. Dabei handelte es sich um eine Bundesbehörde zur Dokumentation von politisch motivierten Verbrechen in der DDR.
3. Die Staatsbürgerschaft der DDR soll von der Bundesrepublik anerkannt und respektiert werden.
4. Die Ständigen Vertretungen im jeweils anderen deutschen Staat sollen in Botschaften umgewandelt werden.

Man kann es manchen westlichen Journalisten nicht verdenken, dass sie diese Forderungen als „Ohrfeige aus Gera“ bezeichneten.
Auf die Bundesregierung machte das Vorgehen Honeckers allerdings wenig Eindruck. Die Forderungen wurden allesamt abgelehnt und so die Möglichkeit der Wiedervereinigung Deutschlands erhalten. Schon die Anerkennung der DDR-Staatsbürgerschaft hätte sich mit dem Grundgesetz nicht vereinbaren lassen. Erich Honecker wiederholte diese vier Forderungen übrigens nie und verfolgte sie auch nie konsequent. Vermutlich wollte man nur Maximalforderungen aufstellen und sehen, was passiert. Zehn Jahre danach, am 3. Oktober 1990, war die deutsche Teilung Geschichte. Was bleibt von den Geraer Forderungen? Bei mir nicht mehr als die Erinnerung an einen schulfreien Tag.

Durch den Ärmelkanal

Als die Urne von Frau Dr. Bruna Wendel-Plarre am Sonnabend, 10. Juni 1939, auf dem Südfriedhof in Gera beigesetzt wurde, erinnerte Pfarrer Franz Simcik an die Stationen ihres Lebens. Nicht einmal 37 Jahre alt ist sie geworden, hat aber doch in dieser kurzen Zeit mehr erlebt und mehr geleistet als manch einer in 90 Jahren Lebenszeit.
Geboren wurde Bruna Plarre am 16. Januar 1903 in Gera als Tochter Dr. phil. Otto Plarres. Ihr Vater war in Gera eine bekannte Persönlichkeit: Turnlehrer, Begründer des Allgemeinen Geraer Schwimmvereins und führender Vertreter des Haeckel'schen Monismus. Im Sinne dieser atheistischen Strömung wurde Bru-

Frau Dr. Bruna Wendel-Plarre, die erste deutsche Frau, die den Ärmelkanal bezwang.

na erzogen und nahm als Einzige in ihrer Klasse nicht am Religionsunterricht teil. Von 1909 bis 1922 besuchte sie das Städtische Lyzeum (Zabel'sche höhere Töchterschule) und schloss erfolgreich mit der Hochschulreife ab. Ein daran anschließendes Studium konnte sich die Familie allerdings nicht leisten; durch die Zeichnung von mehreren Kriegsanleihen lebten Plarres an der Armutsgrenze. So musste sie als Buchhalterin und Korrespondentin zum Lebensunterhalt der Familie beitragen.

1925 heiratete sie den drei Jahre älteren Karl Wendel, Direktor der Raiffeisenbank in Cottbus. Kurz vor der Eheschließung trat sie der evangelischen Kirche bei, kurz danach lebte die junge Familie in Cottbus. 1926 kam Sohn Ulrich zur Welt. Die Ehe der

Wendels jedoch scheiterte. Im Streit wurde Bruna so lange von ihrem Mann gedemütigt, bis sie zusammenbrach. 1927 zog sie mit ihrem Kind zurück zu den Eltern nach Gera und reichte die Scheidung ein. Eine große Hilfe war ihr der Seelsorger Franz Simcik. Erst zwei Jahre später waren die Wendels geschieden; die Schuld daran sprach das Gericht dem Ehemann zu.
Im Frühjahr 1928 begann Bruna Wendel-Plarre in Jena ihr Medizinstudium. Das war zwar inzwischen für Frauen nicht mehr verboten, aber immerhin sehr ungewöhnlich. Im Alter von nur drei Jahren starb ihr Sohn Ulrich an Keuchhusten. Dies war ein harter Schlag für sie, trotzdem studierte sie tapfer weiter. 1930 bestand sie die ärztliche Vorprüfung und 1934 die medizinische Staatsprüfung. Ihre Dissertation hatte „klinisch behandelte Augenverletzungen" zum Thema.
In ihrem Beruf arbeitete sie die nächsten Jahre in Erfurt, in Tholey, in Aga und zuletzt in Gera, wo 1937 ihr Vater verstarb. Genau wie er hatte Bruna Wendel-Plarre eine Vorliebe fürs Schwimmen. Während er allerdings in Freibädern, Flüssen oder Talsperren schwamm, bevorzugte sie seit ihrer ersten Reise an die Nordsee das Meer. Und nach einem Besuch in Calais reifte in ihr der Plan, den Ärmelkanal schwimmend zu durchqueren. Den ersten Versuch unternahm sie bereits 1937, musste aber wegen falscher Berechnungen von Flut kennen und Wind abbrechen. Danach lernte sie Thomas W. Burgess kennen, den zweiten Kanalschwimmer überhaupt. Er trainierte und beriet sie professionell.
Am Mittwoch, 24. August 1938, um 19.30 Uhr ging es los. Begleitet von einem motorisierten Beiboot mit 13-köpfiger Besatzung startete sie am Cap Gris Nez nahe Calais, um die gut 32,3 km schwimmend bis nach Dover zurückzulegen. Bekleidet mit einem Badeanzug, einer Badekappe und einer dicken Lanolin-Schutzschicht schwamm sie, bis sie am 25. August um 11.03 Uhr –

nach 15 Stunden und 33 Minuten – das Shakespeare Cliff nahe Dover erreichte. Mit dem Boot ging es zurück nach Calais, wo sie sofort eine Depesche an die „Geraer Zeitung“ schickte:

HABE KANAL VON GRIS NEZ NACH DOVER GESTERN NACHT IN 15½ STUNDEN DURCHSCHWOMMEN NAEHERES IN EINIGEN TAGEN HERZLICHEN GRUSS AN GERA – DR BRUNA WENDEL PLARRE

Die Reaktion in ihrem Heimatland war allerdings verhalten. Freilich, die „Geraer Zeitung“ druckte die Depesche am gleichen Tag in ihrem Beiblatt ab, ein paar weitere regionale Zeitungen berichteten und der Heimatdichter Tulipan verfasste sogar eine Lobeshymne. Aber sonst berichtete nur die ausländische Presse (z. B. in Frankreich und in der Schweiz) über diese großartige Leistung. Was war geschehen? Bruna Wendel-Plarre hatte ganz bewusst auf die seinerzeit übliche Propaganda verzichtet, was ihr der Reichssportführer und verschiedene andere nationalsozialistische Größen schwer verübelten. Außerdem wurde ihr zunächst die Bewilligung von Devisen für das französische Beiboot verweigert.

Im Herbst 1938 wurde Dr. Bruna Wendel-Plarre Stadtärztin in Duisburg, wo sie wegen ihres Einsatzes für die Gesundheitsfürsorge allgemein geachtet und beliebt war. Ostern 1939 besuchte sie ihre Familie in Gera – zum letzten Mal. Kurz danach diagnostizierte man bei ihr eine rechtsseitige Lungenentzündung. Am 23. Mai 1939 verstarb Bruna Wendel-Plarre in Duisburg. Ihr Leichnam wurde eingeäschert und ihre Urne nach Gera überführt.

In der Nordwestecke des Südfriedhofs befindet sich das Plarre'sche Familiengrab mit ihrer Namenstafel. Und bei Friedhofsführungen wird den Besuchern regelmäßig erklärt: „Hier liegt die erste deutsche Frau begraben, die durch den Ärmelkanal geschwommen ist.“

Die SDAG Wismut

In der DDR, so konnte man es damals regelmäßig in der Zeitung lesen, waren alle Menschen gleich. Wer aber genau hinsah, konnte feststellen, dass manche durchaus „gleicher" waren, wie es bei Orwell heißt. Doch damit sind nicht die Genossen aus dem Partei- und Staatsapparat gemeint. Manche DDR-Bürger, die genauso aussahen wie jeder andere auch, durften in besonderen Kaufhallen und Geschäften einkaufen. In manchen sehr gut ausgestatteten Polikliniken wurden nicht alle Werktätigen ärztlich behandelt, sondern nur einige und deren Angehörige. Sie konnten einen Feriendienst nutzen, der mehr und andere Ferienheime und -objekte zur Verfügung stellte. Längeren Urlaub als die Otto Normalbürger hatten sie außerdem. Zudem bekamen diese Werktätigen schneller eine Neubauwohnung als andere. Sie durfen mit 60 Jahren in Rente gehen und nicht mit 65 wie sonst üblich. Und der Clou: Diese besonderen Bürger konnten sogar Schnaps verbilligt kaufen: Statt 14,50 Mark zahlten sie nur 1,12 Mark für eine Flasche!

Wer beim Lesen eben wenigstens einmal zustimmend genickt hat, weiß es schon. Es ist die Rede von den Wismut-Kumpeln. Kurz nach dem Zweiten Weltkrieg, zu Beginn des Kalten Krieges, suchten die Sowjets in ihrer Besatzungszone in Osten Deutschlands nach Uran. Denn Uran braucht man bekanntlich zum Bau der Atombombe. Man wurde im Erzgebirge und in der Gegend um Gera und Ronneburg fündig. Natürlich war die Suche ein gut gehütetes Militärgeheimnis und die Ausbeutung als Förderung von ungefährlichen Stoffen wie Kobalt und Wismut deklariert. So kam das Unternehmen zu seinem Namen „Sowjetisch-Deutsche Aktiengesellschaft Wismut".

Rekrutierte man in den ersten Jahren Arbeitskräfte durch Zwangsmaßnahmen wie Arbeitsverpflichtungen, folgte ab Mitte der 1950er die Phase der intensiven Werbung und der Verbesserung der Arbeits- und Lebensqualität für die Mitarbeiter. Das hatte natürlich Auswirkungen auf Gera. So errichtete man im Stadtteil Bieblach das erste industriell gebaute Wohngebiet „Am Bieblacher Hang" speziell für die Wismut-Kumpel und ihre Familien. Nicht ohne Grund erhielt die Hauptstraße den DDR-typischen Namen *Straße des Bergmanns.* Ebenso wurden Nebenstraßen Hauer-, Steiger-, Erzhammer- und Glück-auf-Weg genannt, sie erinnern bis heute an die ersten Bewohner dieses Neubaugebiets. Dazu kam die HO-Wismut-Kaufhalle und die Bergarbeiter-Poliklinik, die neben den anderen genannten Privilegien deutlich machen, dass die SDAG Wismut ein Staat im Staate war.

Trotzdem musste die Werbetrommel gerührt werden, weil nie genug Arbeitskräfte zu haben waren. Es war eben eine schwere, oft gesundheitsschädliche Arbeit untertage, die durch die genannten Vorzüge nur wenig erleichtert wurde. Eine wichtige Rolle spielte da der „Wismut-Fusel", ein klarer, 32%iger Schnaps, der offiziell „Akzisefreier Trinkbranntwein für Bergarbeiter" hieß und nur auf Bezugsschein sehr billig zu haben war. Volljährige Wismut-Mitarbeiter erhielten je nach Tätigkeit ein bis maximal sechs Liter Schnaps pro Monat! Um die Menge pünktlich zu verbrauchen, müsste man täglich bis zu 0,2 Liter trinken und zwangsläufig zum Alkoholiker werden. Kein Wunder, dass der Schwarzhandel mit den Flaschen und den Bezugsscheinen dafür blühte. Lehrlinge unter 18 Jahren erhielten übrigens akzisefreie (also unversteuerte) Schokoladentafeln zugeteilt. Gegen die Schneeberger Krankheit, die Quarzstaublunge und andere Berufskrankheiten half das freilich beides nicht, aber es linderte den Schmerz ein wenig.

Bergarbeiterstadtteil Bieblach als Baustelle (1962).

Eine weitere Besonderheit, die man praktisch in oder an allen Gebäuden des Unternehmens fand, war die Wismut-Kunst. Maler, Bildhauer und andere Künstler schufen Auftragswerke, die dem „Sozialistischen Realismus" zugeordnet wurden. Meist wurden das Leben und die Arbeit der Bergleute in den Mittelpunkt gestellt, oder die friedliche Nutzung der Atomenergie, obwohl jedem klar war, dass das Uran eben auch und vor allem für militärische Zwecke gefördert wurde.

Das Umland um Ronneburg und Gera wurde durch den Uranerzbergbau stark in Mitleidenschaft gezogen. Manche Dörfer wie Schmirchau oder Gessen fielen der Wismut zum Opfer. Große Abraumhalden – die „Pyramiden von Ronneburg" – prägten den Anblick der Landschaft. Der Zutritt war natürlich streng verboten und wegen der radioaktiven Strahlung unbekannter Stärke auch nicht zu empfehlen. Wer aber hart im Nehmen war, ging dort spazieren und brachte riesige Steinpilze mit nach Hause …

Mit der Wende änderte sich vieles. Aus der SDAG Wismut wurde die Wismut GmbH, die sich nicht mit Uranerzbergbau beschäftigt, sondern dessen Spuren nach und nach beseitigt. Die „Neue Landschaft", das Ronneburger Ausstellungsgelände der BUGA 2007, zeigt eindrücklich, wie gut das mancherorts schon gelungen ist.

Das Tietz-Kaufhaus

Wussten Sie, dass der Warenhaus-Konzern Hertie seine Wurzeln in Gera hat? 1882 gründete der jüdische Kaufmann Oscar Tietz aus Posen mit dem Kapital seines Onkels Hermann auf der Sorge das „Garn-, Knopf-, Posamentier-, Weiß- und Wollwarengeschäft Hermann Tietz". Im Laufe der Zeit wurde das Haus ständig vergrößert und am selben Standort sogar neu gebaut. Praktisch von Anfang an war es ein typisches modernes Warenhaus: breites Angebot, feste Preise, keine Stundung und kein Anschreiben, sondern Sofortzahlung. Die Geschäftsidee war erfolgreich, es wurden in etlichen deutschen Städten Warenhäuser errichtet. Nach 1933 wurde das Tietz-Kaufhaus in Gera wie überall „arisiert". Jüdische Teilhaber als Nachfolger von Hermann und Oscar Tietz mussten ihre Anteile zu einem Spottpreis verkaufen. Zu DDR-Zeiten gehörte das Warenhaus auf der Sorge zur staatlichen Kette Konsument, hieß im Volksmund aber nur „das Kaufhaus".
Es gab ein Selbstbedienungsrestaurant, in dem Melanie F., eine am Theater tätige Sopranistin, irgendwann in den späten 1980ern einkehrte. Sie hatte zu Weihnachten für ihren Gatten eine schöne Armbanduhr gekauft und wollte sich mit einem leckeren Schnitzel belohnen. Schnitzel gebe es nur als Gedeck,

Das Kaufhaus beeindruckt auch im heutigen Zustand noch durch Stil und Größe.

sagte ihr die freundliche Kassiererin, sie müsse eine Gulaschsuppe dazu nehmen. Ja, das konnte einem damals durchaus passieren, Sonderwünsche wurden meist gar nicht erst geäußert. Für Melanie war das kein Problem. Sie nahm die Suppe gern dazu, bezahlte und brachte ihr Tablett zu einem freien Zweiertisch. Als sie bemerkte, dass sie das Besteck vergessen hatte, kehrte sie um, holte es und blieb wie versteinert stehen. Am Tisch saß ein mosambikanischer Vertragsarbeiter und aß ihr Schnitzel! Sie wollte hinrennen und ihn anschreien, als ihr plötzlich einfiel, dass er sie vielleicht gar nicht verstand. Oder einfach so tat, als verstehe er nicht. Wo Worte nicht helfen, müssen Taten wirken! Abrupt setzte sie sich zu ihm an den Tisch, nahm

sich die noch heiße Gulaschsuppe und begann – ihrem Gegenüber vernichtende Blicke zuwerfend – zu löffeln. Der Mosambikaner stutzte kurz, nickte ihr aber freundlich zu und aß das Schnitzel auf. Danach ging er zur Theke, holte er sich ein Bier und stellte auch Melanie eins vor die Nase. Er hob sein Glas und prostete ihr zu. ‚Jetzt will er es also wieder gutmachen. Ha, Männer! Dass mir ein Schnitzel lieber sein könnte als ein Pils, auf die Idee käme mein Ehemann gewiss auch nicht', dachte Melanie. ‚Da sind sie sich doch alle gleich!' Bald darauf lächelte der Mosambikaner sie mit seinen großen weißen Zähnen freundlich an, nickte zum Abschied und ging. „Aa-wie-see!", sagte er noch, womit er wohl „Auf Wiedersehen!" meinte.
Als Melanie das frische Fassbier ausgetrunken hatte, griff sie hinter sich nach ihrer Handtasche und fasste ins Leere! Weg war die Tasche, weg die teure Uhr, weg die Geldbörse mit Schecks und Bargeld. ‚Dieser schwarze Verbrecher! Isst mein Schnitzel und klaut mir dann noch meine Handtasche!', dachte sie wütend. Hilfesuchend sah sie sich im Restaurant um und fühlte sich plötzlich wie bei „Tischlein deck dich": Am Nachbartisch waren beide Plätze frei. Darauf stand ein Tablett mit einer Gulaschsuppe und einem Schnitzel nebst Beilagen, aber ohne Besteck. Und am Stuhl davor hing ungeöffnet ihre Handtasche. Melanie wäre am liebsten vor Scham im Boden versunken. Nicht er hatte ihr, sondern sie hatte ihm das Essen geklaut! Gut, dass niemand sonst Notiz davon genommen hatte. ‚Das kann auch nur mir passieren!', dachte Melanie.
Aber damit liegt sie falsch: Die gleiche Geschichte, so wurde mir glaubhaft versichert, sei ganz ähnlich in den 1970ern in Frankfurt am Main passiert, da stand ein Türke unter dem falschen Verdacht. Und in Ostberlin soll es ein Vietnamese gewesen sein. Das Fernsehen der DDR machte daraus einen Fernseh-

schwank „nach einer wahren Begebenheit". Spätestens jetzt ist es klar, es handelt sich um eine moderne Sage. Im Englischen hat sich dafür der Ausdruck „friend of a friend tales" eingebürgert, also „Geschichten vom Freund eines Freundes", weil man sie nie aus erster Hand erfährt. Derartige Wandersagen werden überall erzählt, aber eigentlich sind sie nirgends tatsächlich passiert. Abgesehen natürlich von der eben erzählten Geschichte, denn die hat sich wirklich in Gera im Kaufhaus zugetragen. Da vertraue ich meinem Gewährsmann voll und ganz.

Nach der Wende übernahm Galeria Kaufhof das Warenhaus, zog aber 2003 in einen Neubau um. Nun steht das größte Haus auf der Sorge seit über zwanzig Jahren leer. Manchmal dient es als Filmkulisse oder zum Stimmenfang bei der Wahl zum Oberbürgermeister. Gelegentlich finden Gästeführungen darin statt, bei denen man die einstige Pracht allem Leerstand zum Trotz spüren kann.

Wenn Sie das nötige Kleingeld haben, geschätzte Leserin, geneigter Leser, kaufen Sie es und machen etwas daraus! Ich würde Sie in der nächsten Auflage just an dieser Stelle namentlich erwähnen.

Mathe mal ganz anders: Teil 2

Weit über die Grenzen der Stadt hinaus bekannt ist das Gymnasium Rutheneum, das seit 1608 seinen Standort am Johannisplatz hat. Als Landesschule gegründet vom großen Heinrich Posthumus, hatte es von Anfang an einen hervorragenden Ruf. Zum einen wurde man solide auf das Universitätsstudium vorbereitet, sodass nicht nur die Söhne des Landesherrn, sondern auch die Kinder befreundeter Herrscher das Rutheneum besuchten. Zum anderen spielte die Musik an dieser Schule eine herausragende Rolle. Inzwischen gibt es mehrere Chöre, die europa- und weltweit Preise gewonnen haben. Dazu kommen die Musikspezialklassen, in denen Schüler aus ganz Thüringen und benachbarten Bundesländern eine hervorragende musikalische Bildung erhalten. Es war immer eine Schule humanistischer Prägung oder ein „humoristisches Gymnasium", wie die Pennäler des konkurrierenden Realgymnasiums zu sagen pflegten.

Zu DDR-Zeiten musste der Name natürlich geändert werden. Aus den Gymnasien wurden Erweiterte Oberschulen, und an die reußischen Landesherrn durfte noch nicht mal in der latinisierten Form erinnert werden. Also sagte man jetzt „Goetheschule". Nach der Wende wurden die beiden alten Namen miteinander verbunden zu „Goethe-Gymnasium/Rutheneum seit 1608", was in Formularen nie in eine Zeile passte. Sehr hübsch waren zum Jubiläum 2008 Plakate mit der Aufschrift „400 Jahre Goethe-Gymnasium", obwohl ja 1608 vom Dichterfürsten noch lange keine Rede war. Seit der Eröffnung des neu gestalteten Campus 2021 heißt die Schule offiziell „Gymnasium Rutheneum seit 1608" und ist die modernste Schule der Stadt.

Streiche wurden den Lehrern hier allerdings immer gespielt – bis auf den heutigen Tag. In der Gründerzeit gab es am Rutheneum einen ebenso strengen wie unbeliebten Geschichtslehrer (damals sagte man noch „Professor"), dessen Leistungskontrollen („Repetitionen") und Klassenarbeiten („Generalrepetitionen") gefürchtet waren. In einer 11. Klasse (der „Obersekunda") war eine solche Repetition angekündigt, die mit Membos Hilfe vereitelt werden sollte. Membo hieß eigentlich Hermann Doller, war ein Mann mit leichten Behinderungen und verdiente sich sein Geld mit dem Verkaufen von Schuhwichse. Als Kind hatte er laut „Mamma, Brot!" rufen wollen, was aber wie „Mam Bo" oder „Mem

Das Gymnasium Rutheneum seit 1608. Dieses Gebäude wurde allerdings erst 1887 eröffnet.

Bo“ klang, und so hatte er seinen Spitz- oder vielmehr Spottnamen weg. Und jedes Mal, wenn er so gerufen wurde, geriet er in Wut und versah den Rufer mit ungewöhnlichen Schimpfwörtern aus dem Finanzbereich. Mit einer Zigarette oder anderen kleinen Geschenken ließ er sich schnell beruhigen.

Membo wurde also instruiert, und pünktlich 9.15 Uhr begann die Geschichtsrepetition. Plötzlich klopft es an der Tür, der Professor öffnet selbst, und es entsteht folgendes Gespräch: „Koofen Se Wichse?“ – „Was wollen Sie?“ – „Koofen Se Wichse?“ – „Scheren Sie sich fort!“ – „Sie brauchen doch ooch Wichse!“ – „Wer sind Sie? Wie heißen Sie?“ – „Se kenn' mich doch, Hermann Doller.“ – Da hält es die Klasse nicht mehr aus, und fröhlich brüllt's aus jeder Bank: „Membo!“ – Darauf der Professor: „Wie? Membo?“ – Jetzt schreit der Verkäufer den Lehrer wütend an: „Bankrotteur! Wechselfälscher! Konkursmasse!“ Es erübrigt sich zu sagen, dass die Repetition verschoben werden musste.

Ganz ähnlich, aber doch ganz anders erging es um die Jahrtausendwende einem Lehrer für Mathematik. Auf seinem Fachgebiet war er eine Koryphäe, die ihren Doktorhut zu Recht trug.

Seine Klassen- und Kursarbeiten waren nicht zusammenkopiert, sondern fantasievoll ausgearbeitet, und enthielten niemals fachliche oder auch nur orthografische Fehler. Leider fehlte es ihm an pädagogischem Geschick und Durchsetzungsvermögen, Die wenigsten Schüler nahmen ihn ernst. Nun haben es Mathematiker und Naturwissenschaftler an humanistischen Schulen sowieso nicht leicht, aber er hatte wohl noch mehr zu leiden als die Fachkollegen. Bei Kursarbeiten gab es pro Bankreihe nur ein bis zwei Schüler, die die Aufgaben bearbeiteten. Alle anderen schrieben sie von den Mathe-Assen ab. Sah der Doktor das nicht? Oder wollte er es nicht sehen? Schwer zu sagen, er saß am Lehrertisch und las Zeitung. In manchen seiner Stunden wurde – und zwar nicht nur in der letzten Bankreihe – Skat oder Poker gespielt. Dies ignorierte er sicher geflissentlich. Schließlich schult Ersteres das Kopfrechnen, während das Letztere durchaus als angewandte Wahrscheinlichkeitsrechnung verstanden werden kann.

Der Gipfel wurde erreicht, als ein paar Schüler sich, wir sind nun im Smartphone-Zeitalter, eine Pizza bestellten, die mitten in der Stunde in den Mathematikraum des Rutheneums geliefert wurde. Der Doktor soll dabei ziemlich ruhig geblieben sein, vielleicht hatte er hatte er schon längst resigniert. Inzwischen genießt er seinen Ruhestand.

Bei solchen Geschichten kann man ganz gut verstehen, dass immer weniger Menschen den Lehrerberuf ergreifen, allen Verbeamtungs- und Bezahlungsversprechen zum Trotz. Wenn man ein paar Jahre später darüber nachdenkt, welche Streiche man als Schüler seinen Lehrern gespielt hat, möchte man abwechselnd lachen und sich schämen. Und manchmal mischt sich Dankbarkeit hinein. Wenn man zum Beispiel merkt, dass das kleine Einmaleins, die Bruchrechnung oder das Skalarprodukt noch ganz gut im Kopf funktionieren.

Weitere Bücher aus der Region

Thüringen – Das fetzt ja rischtsch!
Geschichten und Anekdoten
Alice Frontzek
80 Seiten,
Schw./W.-Fotos
ISBN 978-3-8313-3570-1

Unheimlich weihnachtlich!
Böse Geschichten aus Thüringen
Geschichten und Anekdoten
Johanna Marie Jacob
80 Seiten
ISBN 978-3-8313-3013-3

Starke Frauen aus Thüringen
Kerstin Klare
96 Seiten,
zahlr. Farbfotos
ISBN 978-3-8313-3250-2

Echt clever!
Geniale Erfindungen
aus Thüringen
Thomas Bienert
120 Seiten,
zahlr. Farb- und Schw.-W.-Fotos
ISBN 978-3-8313-2996-0

Wartberg-Verlag GmbH
Im Wiesental 1 34281 Gudensberg
www.wartberg-verlag.de
Bücher für Deutschlands Städte und Regionen
Tel. 0 56 03 - 93 05 0
Fax. 0 56 03 - 93 05 28